ウルトラマン危機一髪

からの

大逆転SPECIAL

はじめに

ウルトラマン放送から50年。これまで一体どれだけのウルトラマン関連本が発刊されてきたのだろうか。もう書くことはないのではないか。そう思いながらも、あえて我々が打ち出したテーマは「危機一髪からの大逆転スペシャル」。毎回が危機一髪生活?を送っているウルトラマンではあるが、中でも〝飛び切りの逆転エピソード〟を抽出した。

第1期と第2期にあたる『初代マン』～『レオ』までの6シリーズから66話。さらに、それを3つの章に分類。超スケールの敵相手に耐え抜く「剋」、ウルトラ兄弟やウルトラ族の固い結束を描いた「盟」、異次元や未知の恐怖に怯えた少年少女を救う「慄」の章だ。これらの章からウルトラマンたちの勝利の作法、ウルトラ族の絆、ウルトラマンから少年少女へおくる勇気と愛を読み取ってほしい。

50年目だからこそ、あえて正攻法で作品を紹介してみた。CGを全く使っていない特撮は今こそ新鮮。動かない写真ではあるが特撮番組に関わった全スタッフ、キャストの血と汗と涙が伝わってくるような臨場感あふれる危機一髪場面を堪能していただきたい。

ウルトラマン危機一髪からの大逆転SPECIAL

目次

「剋」の章

04 ウルトラマン 第16話
05 ウルトラマン 第18話
06 ウルトラマン 第28話
08 ウルトラマン 第33話
09 ウルトラマン 第38話
10 ウルトラセブン 第14-15話
12 ウルトラセブン 第25話
13 ウルトラセブン 第38話
14 ウルトラセブン 第39-40話
15 帰ってきたウルトラマン 第5-6話
16 帰ってきたウルトラマン 第22話
18 帰ってきたウルトラマン 第30話
19 帰ってきたウルトラマン 第40話
20 ウルトラマンA 第7-8話
21 ウルトラマンタロウ 第35話
22 ウルトラマンタロウ 第29-30話
24 ウルトラマンレオ 第50話
26 ウルトラマンレオ 第24話

「盟」の章

28 ウルトラマン 第39話
29 帰ってきたウルトラマン 第18話
30 帰ってきたウルトラマン 第37-38話
32 ウルトラマンA 第5話
34 ウルトラマンA 第13-14話
35 ウルトラマンA 第23話
36 ウルトラマンA 第26-27話
37 ウルトラマンA 第35話
38 ウルトラマンA 第38話
40 ウルトラマンA 第39話
42 ウルトラマンタロウ 第2-3話
44 ウルトラマンタロウ 第17-19話
46 ウルトラマンタロウ 第33-34話
47 ウルトラマンタロウ 第40話
49 ウルトラマンレオ 第22話
50 ウルトラマンレオ 第26話
52 ウルトラマンレオ 第34話
53 ウルトラマンレオ 第36話
54 ウルトラマンレオ 第38-39話

「慄」の章

56 ウルトラマン 第7話
57 ウルトラマン 第17話
58 ウルトラマン 第19話
59 ウルトラセブン 第2話
60 ウルトラセブン 第16話
61 ウルトラセブン 第26話
62 ウルトラセブン 第47話
64 帰ってきたウルトラマン 第23話
65 帰ってきたウルトラマン 第31話
69 帰ってきたウルトラマン 第35話
70 ウルトラマンA 第9話
72 ウルトラマンタロウ 第26話
73 ウルトラマンタロウ 第36話
74 ウルトラマンタロウ 第52話
75 ウルトラマンレオ 第33話
76 ウルトラマンレオ 第40話

66 ウルトラ人物録 熊谷健（プロデューサー）

41 人間として生きるウルトラマンの暮らし①
43 ウルトラファミリー紹介（1966.7～1975.3）
48 人間として生きるウルトラマンの暮らし②
77 クローズアップ・キャスト はみだし編

剋の章

「剋」とは耐え抜いて打ち勝つの意。
強敵やスケールのでかい敵を相手に
窮地から一転、勝利をおさめる
戦いばかりをここに集めた。

ウルトラマン［ 第16話 ］

科特隊宇宙へ 〝バルタン星人登場〟

1966年10月30日放送／脚本：千束北男　監督：飯島敏宏　特殊技術：高野宏一　ゲストキャスト：平田昭彦、池田忠夫、堤康久

バルタン星人の大群が地球を襲う。間に合うのかウルトラマン！

危機一髪！

地球で無数の小型バルタンが合体し巨大化。ウルトラマンの八つ裂き光輪、一度目は光波バリヤーで失敗、2度目は成功、バルタンを切り裂く。

「テレポーテーション…ウルトラマンは、瞬間的に他の場所へ自分を移しかえる事が出来るのである。しかし、これを使う事は、彼自身の生命を著しく縮めることになるのだ…」

（ナレーション・石坂浩二）

あらすじ／　人類初の金星探検を目指す宇宙ロケット・オオトリが発射、宇宙へ。オオトリには開発者の毛利博士が乗っていた。そのオオトリに謎の青い球体が迫りドッキングする。オオトリはバルタン星人に乗っ取られた。科特隊は博士救出のため、大気圏外での活動を可能にするハイドロジェネードサブロケットをビートルに搭載、宇宙へ向かう。この科特隊の行動にほくそ笑むバルタン星人。バルタン星人は科特隊が地球を留守にする間に地球を襲う計画だった。また、ウルトラマンも2か所で同時に戦うことはできないと考えたのだ。バルタン星人の大群が地球を襲う。地球に残っていたイデ隊員は新兵器マルス１３３で応戦するが苦戦する。

一方、宇宙の科特隊は毛利博士を救出するが、毛利はバルタン星人に変身、巨大化。ウルトラマンはスペシウム光線攻撃。が、スペルゲン反射光により跳ね返される。すぐさま、両手を合わせ光の輪を作り、投げた。バルタン星人は真っ二つ。必殺技、八つ裂き光輪だった。

しかし、地球にはまだバルタン星人がいる。ウルトラマンは自分の生命を縮めてしまうほどパワーが必要なテレポーテーションを使い地球へ向かった。

ウルトラ雑記帳

バルタン星人のネーミング

当初は、『アイドルを探せ』などのヒットで知られるフランスの歌手シルヴィ・バルタンからの発想説。が、その後、ヨーロッパの紛争地帯で火薬庫と言われたバルカン半島からイメージしたという説に変わった。現在では、バルカン半島では「説明が難しい」ので、「やはりシルヴィ・バルタン説で行こう」と会議で決まったことが明らかにされている。2013年のシルヴィ・バルタン日本公演ではバルタン星人がサプライズゲストとして舞台に登場、対面が実現している。

VS

バルタン星人（二代目）

身長：ミクロ～50m
体重：ゼロ～1万5000t
特徴・得意技：スペシウム光線を跳ね返すスペルゲン反射光を胸に装備。重力バランス操作。光波バリヤー。重力嵐を放つ。憑依能力。

KAIJU DATA

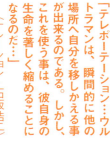

ウルトラマン［ 第18話 ］

遊星から来た兄弟 〝ザラブ星人登場〟

1966年11月13日放送／脚本：南川竜　金城哲夫　監督：野長瀬三摩地　特殊技術：高野宏一　ゲストキャスト：土屋嘉男、森山周一郎

放射能の霧で覆われる東京。ウルトラマンが街を破壊。なぜだ!?

激闘！

にせウルトラマンの前に本物登場。偽物を本物パワーで打ちのめす。とどめはスペシウム光線。偽物の正体はザラブ星人だった。

「もっとも、私の方が兄で、君達はまだ幼い弟だがね」
（ザラブ星人）

あらすじ／　ある日、東京全体がスモッグ状の霧に覆われた。霧からは放射能が検出された。科特隊を訪れた森田博士は「霧は宇宙からやって来た可能性が高く、このままでは東京は死の街になる」と警鐘を鳴らす。東京の街に出動したハヤタたちの前に現れたザラブ星人は、地球人を「兄弟」と呼び、親しげに接近してきた。そして、ザラブ星人は科特隊本部に突如出現する。ムラマツキャップは「霧を消したら信用する」と星人に言う。しかして、本当に霧が消えた。森田博士は星人は地球に役立つかもしれないと主張するが、その間に科特隊に保護されていた星人が本性を現す。その目的は地球侵略だった。それには科特隊とウルトラマンが邪魔だ。ザラブ星人はハヤタをさらい監禁する。ハヤタがウルトラマンだということを知っているのだ。街にウルトラマンが現れ、建物を壊し始めた。にせウルトラマンだった。正式に隊員となったホシノ少年がハヤタの監禁場所を見つけ助け出す。ハヤタは変身。にせウルトラマンへ立ち向かっていく…。

時代背景

放射能の霧

1960年代は高度成長期であり、工場の出す煙や自動車の排気ガスにより大気汚染が問題化し始めた。ただし、本作では霧に含まれた放射能が恐怖の対象だ。戦後、アメリカはビキニ環礁で核実験を繰り返し、その影響で放射能の雨が降ると言われた。原爆を経験している国として放射能は最大の恐怖であった。しかし、本作から4年後の1970年、日本で初めて光化学スモッグが認定される。それらは公害と呼ばれ、新たな恐怖となっていった。

クローズアップ・キャスト

ゲスト俳優 土屋嘉男

森田博士役の土屋嘉男は東宝特撮作品には欠かせない俳優。1957年『地球防衛軍』での宇宙人ミステリアン総統、60年『ガス人間一号』のガス人間役が有名。

◀森田博士役の土屋嘉男（右）。左はホシノ少年（津沢彰秀）、フジ隊員（桜井浩子）。

VS

ザラブ星人

身長：1.8～40m
体重：30～2万t
特徴・得意技：高い知能を持つ。巨大化縮小化自在。変身能力でにせウルトラマンに変身。催眠術を使い、手から光弾を発する。

KAIJU DATA

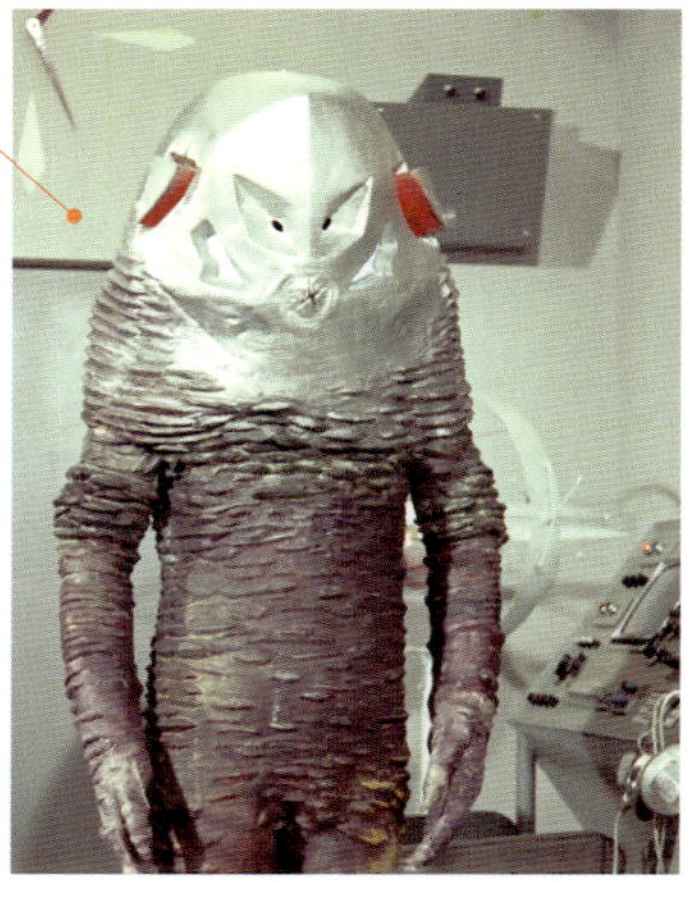

ウルトラマン［第28話］

人間標本5・6

〝三面怪人ダダ登場〟

1967年1月22日放送／脚本：山田正弘　監督：野長瀬三摩地　特殊技術：高野宏一　ゲストキャスト：田原久子、鈴木泰明

恐怖の人間標本計画。ムラマツ隊長が武器を手に勇躍ダダと戦う。

「当研究所全所員をテスト。うち4体が標本として適当なので採取しました」（ダダ271号）

あらすじ／　奥多摩の日向峠でバスが転落する事故が相次いでいた。原因調査のため科特隊のムラマツキャップとイデ隊員がバスに乗り込む。バスは転落。なぜか助かったムラマツと同乗していた女だけが事故現場にいた。女は中央宇宙原子力研究所の秋川技官だった。秋川は報告書を受け取りに奥多摩にある宇宙線研究所へ向かっていたのだ。秋川はムラマツを残し研究所へ。しかし研究所は宇宙人ダダ271号により乗っ取られていた。研究所所員の4人がミクロ化されカプセルに入れられていた。ダダは人間を標本にして自分たちの星に持ち帰る計画だった。秋川も標本としてターゲットになった。秋川に迫るダダの頭をスツールで殴りつけたのはムラマツだ。一旦、ひるんだダダだがムラマツもまた標本にしようと迫ってくる。屋上に追いつめられる秋川とムラマツは足を滑らし落下する。それを救ったのはウルトラマンだった。ダダはミクロ化器でウルトラマンをミクロ化する。しかし、すぐさまウルトラマンは四十m大に戻る。ダダとウルトラマンの攻防が続いた…。

ピンチ！

ミクロ化器で人間サイズにされたウルトラマンだが、すぐに元通り。透視光線で空に隠れていたダダを発見、スペシウム光線で倒す。

VS

ダダ

身長：1.9～40m　**体重：**70kg～7000t
特徴・得意技：三つの顔を持つ。全身を透明化できる。巨大化縮小化自在。テレポーテーション。憑依能力。飛行能力。壁抜けできる。人間を縮小するミクロ化器を使う。

KAIJU DATA

▲最後は必殺のスペシウム光線で止めを刺した。

科学特捜隊のメンバー紹介

前列左から／ムラマツキャップ(小林昭二)、
フジ・アキコ隊員(桜井浩子)、
ハヤタ隊員(黒部進)
後列左から／イデ隊員(二瓶正也)、
アラシ隊員(石井伊吉)
※芸名当時

ウルトラ雑記帳

三面怪人ダダのネーミング

今や有名な話だが、ダダは1910年代半ばにフランスで始まった芸術思想運動「ダダイズム」（また単にダダ）が基になっている。日本でのダダイズムは1920年代半ばに最盛期となり、中原中也、宮沢賢治、坂口安吾らに影響を与えたという。また、シュールレアリスムはこのダダイズムから発展した芸術思想であり、その中心人物はアンドレ・ブルトン。本シリーズ第17話「無限へのパスポート」（P57で紹介）に登場する四次元怪獣ブルトンは、このブルトンからのネーミングだ。

クローズアップ・キャスト

ゲスト俳優 鈴木泰明

研究所所員役とダダの声を担当している俳優、声優。アニメは1963年『鉄腕アトム』がデビュー。特撮系では1973年『スーパーロボット レッドバロン』のナレーターを務めた。

ゲスト女優 田原久子(荒砂ゆき)

1960年代までは田原久子として、70年代に入ると芸名を「荒砂ゆき」と改名した。改名後は大胆な濡れ場もこなす女優として出演作品も増えて行った。1974年には神代辰巳監督の日活ロマンポルノ『鍵』で主役。また、『夜の味』というお色気歌謡曲の歌手として好事家に知られている。

ウルトラマン

ウルトラマン［ 第33話 ］

禁じられた言葉 〝メフィラス星人登場〟

1967年2月26日放送／脚本：金城哲夫　監督：鈴木俊継　特殊技術：高野宏一　ゲストキャスト：伊藤久哉、川田勝明、中島春雄

心理作戦で地球征服を企むメフィラス星人。地球人は心の戦いに勝てるのか？

互角勝負！
サトル少年が「地球をあげます」と言えば地球は征服される。メフィラスはサトルが屈しないことに驚嘆、敗北を認め、地球を去る。

「私が欲しいのは、地球の心だったのだ」（メフィラス星人）

あらすじ／　航空記念日。航空ショー見学にハヤタ、フジ隊員、そしてフジの弟・サトルが訪れていた。突然、空をタンカーが飛び、空中爆発。ほかの航空機も雲の彼方に消える。危険を察知したハヤタらは車内に逃げ込むが宇宙へと吸い込まれてしまう。どうやらそれは何者かが起こした逆引力作用の仕業だった。

ムラマツたちがハヤタらの身を案じていた矢先、突如巨大化した姿のフジ隊員がビル街に現れる。サトルはメフィラス星人の円盤内に幽閉されていた。メフィラスは暴力を使うことなく紳士的な方法で地球を奪う願望があった。その方法はサトルに「あなたに地球をあげます」と言わせること。しかし、サトルは「嫌だ！」と拒み続ける。業を煮やしたメフィラスはフジに街の破壊を命じ、さらに遊軍のバルタン、ケムール、ザラブ星人を地球に送りこみ脅す。

それでもサトルは「地球はみんなのものだ！」と首を縦に振らない。そのとき防衛隊の攻撃を受け、円盤に閉じ込められ凝結状態にあったハヤタが変身する。メフィラス星人とウルトラマンの戦いは決着が付かない。メフィラスは「宇宙人同士が戦ってもしょうがない」と戦いを止めた。そして「私は地球の心が欲しかった。だが、子供にさえ負けた」と言い残し、いつの日かの再来を宣言して消える。

クローズアップ・キャスト

ゲスト俳優 伊藤久哉

山本博士を演じている。二枚目かつ生真面目な顔立ちから特撮作品では科学者役が多い。『ミラーマン』『仮面ライダーX』『ザ・カゲスター』などすべて博士役。東宝怪獣映画では1957年『地球防衛軍』から1968年『怪獣総進撃』まで10作品程に出演している。

スーツアクター 中島春雄

初代ゴジラのスーツアクターとして有名。本作ではケムール人と警察隊隊長を演じている。

子役 川田勝明

フジ隊員の弟役のサトルを演じた。同シリーズの第11話「宇宙から来た暴れん坊」にホシノ少年の仲間のひとりとして出演、第15話「恐怖の宇宙線」でガヴァドンを描くムシバ少年役、第26話「怪獣殿下」では怪獣殿下をバカにする少年役だったが、本作で晴れて？フジ隊員の弟役に抜擢された。『ウルトラセブン』、『戦え！マイティジャック』にも出ていたが、その後の詳細は不明である。

VS

メフィラス星人

身長：2～60m　**体重**：40～2万t
特徴・得意技：紳士的な口調。「暴力は嫌い」。重力を自在に操る。テレパシー。手先からさまざまなビームを発射。巨大化縮小化自在。催眠術。腕力も強い。

KAIJU DATA

ウルトラマン ［ 第38話 ］

宇宙船救助命令 〝サイゴ キーラ登場〟

1967年4月2日放送／脚本：上原正三　監督：円谷一　特殊技術：有川貞昌　ゲストキャスト：武内亨、灰地順、北原隆

科特隊の宇宙タンク、ニードルS80など、新メカ続々登場！

大接戦！
怪獣キーラにはウルトラスラッシュ、スペシウム光線も効果なし。最後はウルトラサイコキネシスでキーラの動きを止め、撃退した。

「我々の任務は宇宙ステーションでなにが起こったかを確かめ、その安全を守ることにある。武器をふりまわしにいくんじゃない」
（ムラマツキャップ）

あらすじ／　宇宙局の無人探査機プロスペクターによって未知のQ星の探索が行われていた。その映像を中継する宇宙ステーションV2のモニターが巨大な複眼を映し出し、瞬間、強烈な発光に見舞われ、交信が途絶えた。科特隊は宇宙艇・白鳥で救助に向かう。

ステーションに乗り込むと、乗組員たちは全員目をやられていた。しかもBMヒューズが切れ、このままでは原子炉が熱を持ち爆発してしまう。Q星の探査機に使われているBMヒューズを使うことになる。猶予は24時間しかなかった。Q星に着くと科特隊は宇宙タンクに乗り現場へ向かった。目的地まで10キロ地点でタンクが砂地獄にはまり、さらに蟻地獄怪獣サイゴが登場、だが、タンク搭載のミサイルで殲滅する。アラシとイデは徒歩で探査機にたどり着きBMヒューズを取り外す。そのとき、光熱怪獣キーラが迫ってきた。新兵器ニードルS80で応戦するアラシの目をキーラの激しい光が襲う。ハヤタは変身。キーラの光攻撃にさすがのウルトラマンも目を手で覆い倒れる。そして倒れながらも八つ裂き光輪を見舞うが効かない、必殺スペシウム光線も効かない。どうするウルトラマン…！

キーラの動きを止めたウルトラサイコキネシス。

ウルトラ雑記帳

ロケ地

シリーズ中でも珍しい宇宙場面がたっぷりの本作。特にQ星の描写が秀逸。ロケは群馬県吾妻郡嬬恋村にある鬼押出し園で行われた。同園は世界3大奇勝のひとつで、1783年の浅間山噴火時の溶岩が広がっていて、未知の星のイメージにはピッタリではないだろうか。

新兵器、新メカニック続々登場

本作は本格的な宇宙を舞台にした作品であるためか、新メカがどんどん登場するのが見所だ。無人探査機プロスペクター、科特隊が乗る宇宙船は白鳥、Q星で乗り回すのは宇宙タンク。武器もスパイダーショットの10倍の威力だというニードルS80が登場し大活躍する。また、酸素ボンベを背中に背負った宇宙服もなかなか本格的になっている。こうした、細部まで気を使った本作は〝宇宙もの〟としてもテレビ史に残る傑作といっていいだろう。

VS

キーラ

身長：40m
体重：2万t
特徴・得意技：目から強烈な閃光を発し、敵の視力を奪う。皮膚が頑丈。腕、尻尾ともにパワーが強く、鋭い爪で攻撃。

KAIJU DATA

VS

サイゴ

身長：45m
体重：4万t
特徴・得意技：巨岩のような形態。手がシャベル状になっていて地中で活動。4足歩行。口から砂煙を吐き、敵を攪乱する。

KAIJU DATA

ウルトラセブン［ 第14話 ］［ 第15話 ］

ウルトラ警備隊西へ［前編］［後編］

1968年1月7日（14話）、1月14日（15話）放送／脚本：金城哲夫　監督：満田稔　特殊技術：高野宏一　ゲストキャスト：土屋嘉男、リンダ・ハーディスティー、テリー・ファンソワーズ

六甲山の防衛センターをキングジョーが襲う。全員、西へ急げ！

「人間はずるくて欲張りでとんだ食わせ物だわ。他人の家を覗いたり石を投げたりするのはルールに反することだわ」（ドロシーに化けたペダン星人）

あらすじ／　ペダン星人の報復行動に備え、地球防衛会議が六甲山の防衛センターで開かれることになった。だが、各基地の代表が次々と殺害され、危険を察知した防衛軍上層部は、会議に参加する要人の警護のため、ウルトラ警備隊の出動を要請する。その要人たちの情報を流していたのはペダン星人のスパイだった。ペダン星人攻略の方法を知るドロシー・アンダーソンに化けていたスパイを暴いたのは秘密諜報員マービンだった。

そのころ、防衛センターをキングジョーが襲う。ウルトラセブンが立ち向かうが苦戦。しかし、セブンに一瞬の隙をつかれたキングジョーは一時撤退する。

神戸港にいるドロシーに化けたペダン星人をダンが発見する。ペダン星人は人間が放った観測用ロケットを侵略だと主張し、「人間はずるい生き物」だとなじる。これに対しダンは「地球人も悪かった。では我々はペダン攻略の武器作りを止める。その代わり、撤退してくれ」と持ちかけると、ペダン星人は了承した。

しかし、それはペダン星人の罠。ペダン星人は警戒の緩んだのを見て取り、地球侵略のためにキングジョーを送り込み、さらに地球を攻撃しようと母星から大円盤群を呼び寄せた。彼らに裏切られたダンは怒り、変身した。

苦戦！
キングジョーの桁外れの怪力の前にセブンは終始圧倒された。神戸港における再戦でも、セブンは攻略の決め手を欠き、対峙することで精一杯であった。

VS

キングジョー

身長：55m　**体重：**4万8000t
特徴・得意技：合金重装甲。目から破壊光線デスト・レイ。全身を頭部及び両腕、胸部、腹部、脚部の4つのパートに分離。それぞれ独立して高速移動、攻撃ができる。

KAIJU DATA

時代背景

スパイブーム

特に前編に濃厚なのはスパイタッチだ。冒頭、神戸湾をアクアラングの装備で泳いでくる男。港に上がった男は白人男性で真っ白なスーツに着替えている。『007/ゴールドフィンガー』もびっくりの場面。1960年代は『007』などスパイブーム真っ盛りだったが、この風味を取り入れたのが本作だ。

ウルトラ雑記帳

神戸、芦屋ロケ

六甲の防衛センターの外観は国立京都国際会館と芦屋市役所を巧みに組み合わせて表現。近未来な大きな建物はそれらしく見える。また、ドロシーが出て来る教会はやはり芦屋にある教会が使われた。ダンが望遠鏡を覗くのは神戸ポートタワーの展望台。赤い独特の作りである全長108mの外観も映し出されている。キングジョーの出現で止まってしまうエレベーターもポートタワーという設定。

西へ行く

シリーズものの定番で「〜西部へ行く」という変化球ワザがある。例えば、ジェリー・ルイスの喜劇映画『底抜けシリーズ』では『底抜け西部へ行く』、アニメでは『アトム西部へ行く』、『ドナルド・ダック西部を行く』、『ムーミン西部へ行く』なんてのもある。大体はタイムスリップして西部劇の世界へ行ってしまうという展開だ。対して、本作の「西へ」は「西部ならぬ関西」。つまり、「関西方面へウルトラ警備隊が出張りました」というお話。宇宙にでも即行ける警備隊が国内の西へ行くことがエポックメイキングな出来事なのか…はともあれ、神戸ロケ満載の本作で関西のチビッ子ファンは熱狂したことだろう。

写真左から／
アマギ隊員(古谷敏)、
モロボシ・ダン隊員(森次浩司)、
友里アンヌ隊員(菱見百合子)、
ソガ隊員(阿知波信介)、
フルハシ・シゲル隊員(石井伊吉)、
キリヤマ隊長(中山昭二)
※芸名当時

ウルトラ警備隊のメンバー紹介

ウルトラセブン［ 第25話 ］

零下140度の対決

1968年3月24日放送／脚本：金城哲夫　監督：満田穣　特殊技術：高野宏一　ゲストキャスト：藤田進

地球氷河期計画を阻止せよ。だが、ダンはウルトラアイを失くした！

激闘！
ウルトラホークのカルテット作戦でガンダーがひるむ。ここでエネルギーをたっぷりチャージしたセブンが登場。アイスラッガーでガンダーを倒した。

助っ人登場！
▼セブンはミクラス（右）を送り出して戦わせた

「我々は全力を尽くして頑張った。だが、外部との通信も、応援も全く断たれてしまった。これ以上犠牲者を出すことは、長官の本意ではない。涙を飲んで、我々は一時、基地を退避する」（キリヤマ隊長）

あらすじ／　地球防衛軍の基地周辺が異常寒波に見舞われた。ポインターでパトロール中のダンは猛吹雪で立ち往生する。原因はポール星人の仕業だった。ポール星人の操る凍結怪獣ガンダーが基地の動力室の原子炉を破壊し、基地機能はマヒし冷凍庫のようになってしまう。次々と凍死する隊員たち。医療責任者のアラキは退避を提案するがヤマオカ長官は「基地を捨てるのは地球を捨てることと同じ」と退避命令を拒否する。

一方、エンストしたポインターを捨て、基地に徒歩で向かうダンにも寒さによる睡魔が襲う。そのとき、ポール星人が現れ「地球を3度目の氷河時代にしてやる」と宣告、寒さに弱いウルトラセブンを嘲笑う。ダンは変身しようとするがウルトラアイがない。代わりにカプセル怪獣ミクラスを出し、ガンダーと戦わせる。

基地ではヤマオカ長官も倒れ、キリヤマはついに涙を飲んで基地からの退避命令を出す。ようやく、ウルトラアイを見つけたダンはセブンになり、エネルギー補充のために太陽へ向かう。セブンは基地の危機を救うことができるのだろうか…。

VS

ガンダー

身長：45m　**体重**：2万t
特徴・得意技：口から吐く冷凍光線のほか、手の鋭い爪で敵を攻撃する。飛行能力を持つ。地中を掘り進むこともできる。

KAIJU DATA

ウルトラ雑記帳

ポール星人のネーミング

バルタン星人がシルヴィ・バルタンなら、ポール星人はポール・マッカトニーからの発想…と思いたいところだが、これはよく分かっていない。「極地」の英語がPoleなのでポール星人となったという説もある。

物語の背景

八甲田山 死の彷徨

ヤマオカ長官が倒れ、ついに寒さに負けたキリヤマ隊長はあの映画『八甲田山』の高倉健もかくやの大演説をぶつ。しかし、映画は1977年公開。新田次郎の原作『八甲田山 死の彷徨』も71年の刊行と本作の方が先なのであった。ただし、「八甲田雪中行軍遭難事件」として有名な遭難事件であり、これが発想の源になっている可能性はある。

ウルトラセブン［第38話］

勇気ある戦い

1968年6月23日放送／脚本：佐々木守　監督：飯島敏宏　特殊技術：高野宏一　ゲストキャスト：川口恵子、ピーター・ウィリアムス

セブン、車を襲う怪獣を倒せ！ダン、少年との約束を守れ！

「我々は勝ったんだ。バンダ星人のロボットにも、そして、人間の愛と信頼の戦いにも」（キリヤマ隊長）

あらすじ／　箱根山中で原因不明の濃霧が発生、それと共に車30台が消えた。ウルトラ警備隊が調査に乗り出す。一方、ダンはセントラル病院にいた。アンヌの友人・ゆき子の弟・治を見舞っていた。治は心臓手術を明日受ける予定だが怖くてしょうがない。しかし、「憧れのダンが立ち会ってくれれば手術を受ける」という。快く約束するダン。

手術をするスイスの心臓外科医・ユグレンが来日した。アンヌは護衛を兼ねてゆき子と共に飛行場へユグレンを迎えに行った。だが、高速は渋滞、濃霧が発生し巨大ロボットが現れた。ロボットは鉄不足のバンダ星人が、鉄を奪うために地球に派遣したクレージーゴンだった。アンヌたちの車も回収されそうになったが、間一髪、ウルトラセブンに救われ、病院に急行する。

治はダンが来ないので「ダンの嘘つき。僕は手術なんか受けない」と泣き叫ぶ。その時、ウルトラ警備隊の作戦により指令船を爆破され、暴走を始めたクレージーゴンがセントラル病院の近くに現れた。がれきで負傷したダンだったが怪我を押して、治の枕元に駆けつける。ダンを見た治は手術室へ運ばれる。「手術の邪魔をさせるものか！」とダンはウルトラセブンに変身した…。

ピンチ！

車に仕掛けられたスペリウム爆弾で母船が破壊、その衝撃で異常をきたしたクレージーゴンは大暴れ。セブンのステップショットで大破。

市街地で激戦！

VS

クレージーゴン

身長：42m　**体重**：3万t

特徴・得意技：全身は特殊金属製。鉄回収が使命。左右非対称のハサミで重いものを持ち上げる。頭部からのビーム攻撃。

KAIJU DATA

時代背景

渋滞と排ガス規制

アンヌ隊員が乗った車が高速道路で渋滞に巻き込まれたところを宇宙人のロボットが襲う。ただの渋滞だけでもイライラするのに本当に災難である。

戦後、発達したモータリゼーションは1960年代の高度成長期には一気に加速し、排ガスによる環境への影響、都市部の渋滞が重要な問題となった。そのため、1968年8月、運輸省は「都心通行マイカー賦課構想」を発表。渋滞の多い地域を通る車に課金するロードプライシング案だったが、ドライバーの強い反発が多く実現には至らなかった。しかし、東京都では2003年から貨物やバスなど商業用のディーゼル車で基準を満たさない車両は走行が禁止される規制が施行されている。

クローズアップ・スタッフ

脚本 佐々木守

前作『ウルトラマン』から続く佐々木のテーマである「人間は科学のみで生きているのではない」、また「高度経済成長による歪み」をクローズアップしている。本作では増えすぎた自動車、自動車社会を皮肉り、車を奪いに来る宇宙人を描く。同時に、少年との約束の大切さもくどいほどに描く。「大人は子供を裏切ってはいけない」、佐々木の強いメッセージがうかがえる一編だ。

ウルトラセブン［ 第39話 ］［ 第40話 ］

セブン暗殺計画〔前篇〕〔後編〕

※編と篇の違いは映像通り

1968年6月30日（39話）、7月7日（40話）放送／脚本：藤川桂介　監督：飯島敏宏　特殊技術：高野宏一　ゲストキャスト：佐原健二、新井茂子（40話）

十字架に掛けられたセブンに処刑のときが迫る…。

「地球の全人民に告ぐ！ 君たちの英雄、セブンは夜明けと共に処刑されるであろう」
（ガッツ星人）

あらすじ／　地球侵略を狙うガッツ星人は「セブンを倒すことが早道」と考え、怪獣アロンを送り込み、セブンの能力と弱点を探った。そして、「セブン暗殺計画」を立て地球にやって来た。

ダン＝セブンと知るガッツ星人は、執拗にダンの誘き出しを図った。罠を察し、ダンは退却。繰り返されるガッツ星人の誘き出しの中で、ダンはカプセル怪獣ウインダムを出し対抗させる。が、ウインダムは円盤の襲撃で倒れる。ダンはセブンに変身。ガッツ星人は分身能力で2体になりセブンのエネルギーを消耗させる。セブンの動きが止まった。セブンは十字架に掛けられてしまう。ガッツ星人は「夜明けとともにセブンを処刑する」と告げた。

無力感いっぱいの警備隊へセブンの脳から発する信号が。「マグネリューム・エネルギーがあれば動ける」という。それを作るにはアフリカのダイモード鉱石が必要だ。なんと、フルハシ隊員が友人のレーサー・夏彩子からプレゼントされたのがダイモードだった。だが、フルハシのダイモードだけでは量が少なくマグネリュームはできない。夏の持つ分も必要だった。しかし、それを傍受したガッツ星人は夏を誘拐。セブンの処刑時間は迫った。ガッツ星人に降伏か？ マグネリュームは完成するのか？ セブンの命は？

窮地！
ウルトラ警備隊はマグネリューム・エネルギーを照射、セブンは復活。ガッツ星人は逃走するがアイスラッガーとシェイクハンド光線で破壊される。

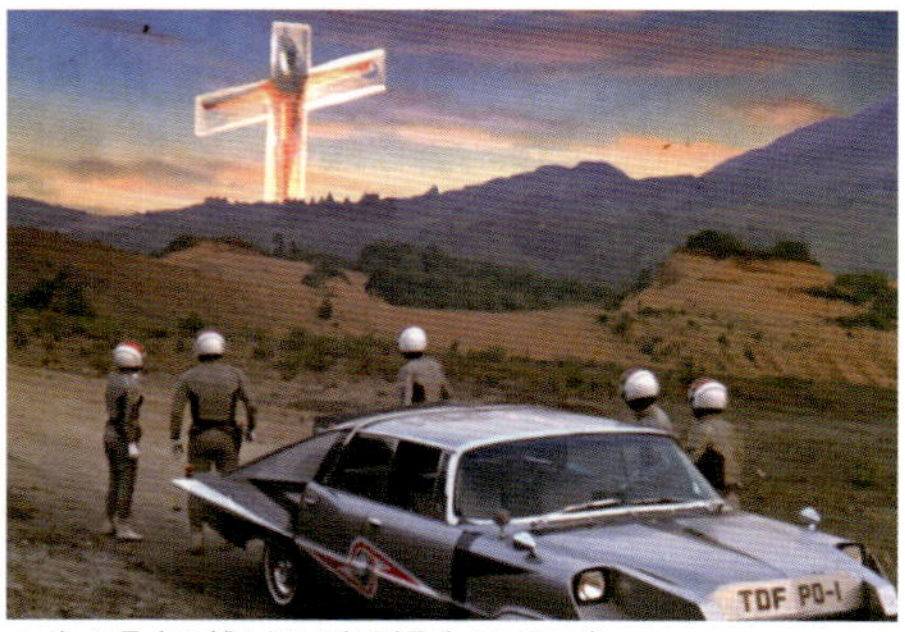

▲ガッツ星人に捕らえられ処刑予告されるセブン。

クローズアップ・キャスト

ゲスト女優 新井茂子

劇中、サファリラリーにも参加したというレーサーの夏彩子は訓練が終わり、夜、宿舎に入ったときガッツ星人と遭遇する。このときの、夏の恐怖の引きつった表情と悲鳴が強烈。1933年の『キング・コング』から見事な叫び声を上げる女優をスクリーミング・クイーン（絶叫クイーン）と呼ぶが、セブンでのクイーンは間違いなく彩子役の新井茂子だ。ちなみに新井は1959年東映ニューフェイス出身。同期は太地喜和子、千葉真一らで、夫は『キャプテンウルトラ』の中田博久。

VS

アロン

身長：45m　**体重**：1万3000t
特徴・得意技：ガッツ星人が操る怪獣。セブンの能力データを探るために送り込まれる。手の先の鋭い爪で相手を引き裂く。

KAIJU DATA

VS

ガッツ星人

身長：2～40m　**体重**：200kg～1万t
特徴・得意技：優れた頭脳を持ち相手の対戦能力を分析する。分身術。瞬間移動能力。両手から怪光線を発射する。

KAIJU DATA

帰ってきたウルトラマン［ 第5話 ］
二大怪獣 東京を襲撃

帰ってきたウルトラマン［ 第6話 ］
決戦！ 怪獣対マット

〝地底怪獣グドン　古代怪獣ツインテール登場〟

1971年4月30日（5話）、5月7日（6話）放送／脚本：上原正三　監督：冨田義治　特殊技術：高野宏一　ゲストキャスト：藤田進、佐原健二

大逆転！
ツインテールとグドンはジャックを挟み撃ち。ツインテールをグドンが殺す。残ったグドンを最後はスペシウム光線で倒す。

MAT解散の危機！ 郷はアキを救うためにMATを飛び出す…。

「アキは絶対に死なん。最後までこれ（郷へのプレゼント）だけは離さなかった」（坂田健）

あらすじ／　東京都内の工事現場から古代怪獣ツインテールの卵が出土した。マットシュートで焼却処分されたはずの卵だが、完全に死滅してはいなかった。埋められた工事現場の地底で卵は突如巨大化。その余波で坂田アキら5人が巻き込まれ、卵近くの地下に閉じ込められる。緊急事態に岸田地球防衛庁長官がＭＡＴ本部に登場、「卵を焼き払うためにＭＮ爆弾を使用せよ」と命令。郷は猛然と反対するが「都民１０００万人の安全のために5人はあきらめよ」と非情な岸田長官。反発した郷はバッジを引きちぎりＭＡＴを去る。ＭＡＴを飛び出した郷とＭＡＴ隊員がアキたちの救出を始める。ＭＡＴは長官の命令に背き、5人を救出してからＭＮ爆弾攻撃をすることにしたのだ。だが、ツインテールが卵から孵った。ツインテールを食料とする古代怪獣グドンも現れた。郷は変身、しかし二大怪獣に苦戦、ジャックは倒れた。

倒れていた郷は救い出されＭＡＴに復職する。岸田長官は小型水爆並みの威力がある爆弾、スパイナーの使用を命令、都内全域に緊急避難命令を出した。だが、加藤隊長は「その前に麻酔作戦をやらせて下さい」と長官に迫る。長官は「失敗したらＭＡＴは解散」という厳しい条件でその作戦を許した。ＭＡＴは自らの存続を賭け、二大怪獣に挑んでいった…。

東京壊滅！

VS

グドン

身長：50m　**体重**：2万5000t
特徴・得意技：ジュラ紀に生息。全身はトゲの生えた甲殻で覆われている。好物はツインテール。ムチ状の両腕で相手を叩き締め付ける。キックは2万トン級のタンカーをも吹き飛ばす。

KAIJU DATA

VS

ツインテール

身長：45m　**体重**：1万5000t
特徴・得意技：芋虫状の体型で頭が下部にある。地中移動能力。ムチのように動く触手の先には毒針が、口の牙には麻酔液が仕込まれている。

KAIJU DATA

時代背景

戦争体験の傷跡

前2作が、近未来としてまた無国籍風であったのに対し、本シリーズは日本を舞台とし、明確に1970年代初期という時代設定がなされている。本作では、坂田の妹・アキが怪獣の登場で重傷を負って入院するが、都内全域に避難命令という場面で日本らしさ、時代性が濃厚に出ている。坂田は命令を拒否し東京から動かない。彼は昭和20年3月の東京空襲を例に話す。「当時、私は3歳。母は疎開が嫌で空襲のたびに庭の防空壕に隠れていた。母はB29に、この子だけは殺さないでと祈った。私は、母に似ている」と。思えば、初放映時、終戦からまだ26年しか経っていなかったのである。

クローズアップ・キャスト

ゲスト俳優 藤田進

特撮作品の偉い人役で有名。『ウルトラQ』では巡視船の船長、『ウルトラマン』では防衛隊幕僚長、『ウルトラセブン』ではヤマオカ長官を演じている。どの役も厳しく妥協を許さないトップらしい頼もしいキャラクターとなっている。だが、本作での岸田長官は珍しく憎まれ役設定。特に「作戦に失敗すればMAT解散」を突きつけるなど非情な役どころとして迫力ある演技を見せている。「なーに、イザというときは必ずウルトラマンが来てくれるさ、心配いらんよ」なんて捨て台詞が恐ろしすぎる。

激闘!
ジャックは苦戦。伊吹新隊長のマットアローからMSミサイル発射。ミサイルをくわえたゴキネズラにスペシウム光線。頭が吹き飛ぶ。

帰ってきたウルトラマン［ 第22話 ］

この怪獣は俺が殺る

〝プラスチック怪獣ゴキネズラ登場〟

1971年9月3日放送／脚本：市川森一　監督：山際永三　特殊技術：佐川和夫　ゲストキャスト：うえずみのる、三谷昇

「どうもこうも、あいつら（プラスチック製品）にだけはね、お手上げですよ。ご承知のとおりね、焼くことも壊すこともできないんだから」
（清掃局員）

あらすじ／　加藤隊長がMAT本部から宇宙ステーションへ転任した日、東京都のゴミ処理場「夢の島」で異変が起きた。プラスチックゴミがなぜか大量になくなっていた。郷が夢の島を捜査していると地震が起こり、メタンガスによる火災が発生。隊長が不在だが郷は自らの判断で炭酸ガスを噴射、消火する。

そのすぐ後、NYから日本に向かう伊吹から「ただちに発火地点にMS小型ミサイルを投下せよ。消火液類は一切使用してはならない」という命令が出た。驚く郷。ゴミ処理場地下に怪獣がいたのだ。怪獣は消火で地中の酸素を閉ざされれば、大暴れする可能性があった。また怪獣はプラスチックを食糧としていた。勝手な判断をした郷は3日間の謹慎を食らう。

伊吹の言うとおり、怪獣ゴキネズラ出現。郷を除くMATはマットアローでゴキネズラに向かうが、糸状のプラスチックを浴び操縦不能。郷は謹慎命令を無視しマットジャイロに乗り、ゴキネズラを攻撃。だが、やはりジャイロは白い糸に包まれ、機体は潰される。その瞬間、郷は変身。しかし、ジャイロ内で右腕を痛めたため、ジャックになってもうまく戦うことができない。どうする、ジャック…そこへ伊吹隊長のマットアローが現れた…。

夢の島にゴキネズラ出現。腕を傷めたジャックはうまく戦えない…。

郷の乗るマットジャイロを鷲掴みにする。

糸状の溶解液攻撃を受けるジャック。

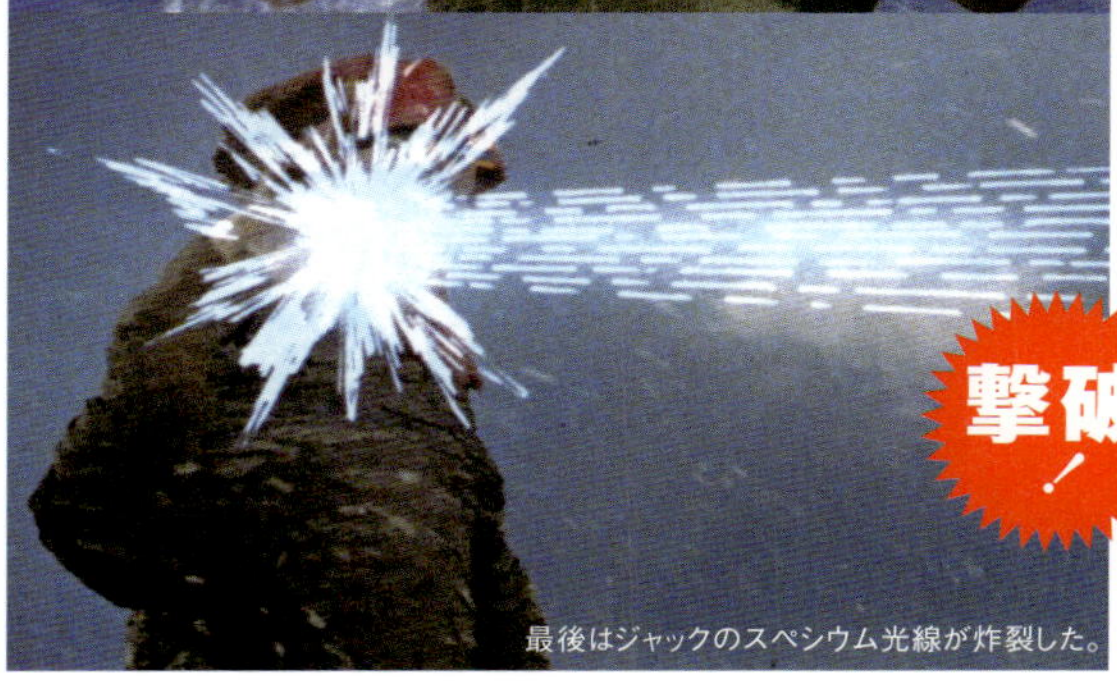

最後はジャックのスペシウム光線が炸裂した。

VS

ゴキネズラ

身長：42m　**体重**：3万8000t
特徴・得意技：通常は地中で生息。プラスチックを養分とする。口から糸状の溶解液を噴射。頑丈な皮膚を持ち腕力が強い。

KAIJU DATA

時代背景

ゴミ戦争

夢の島にはハエの大量発生、自然発火による火災などが続き、夢の島がある江東区民は苦しみ続けてきた。都はこれを解決するために都内10か所に清掃工場を建設する計画を進めていたが、1971年9月末、杉並区で建設を阻止する運動が激化。当時の美濃部都知事は「ゴミ戦争」と宣言し、クローズアップされることになった。本作放映は同年9月3日、あまりにタイムリーな企画に驚くばかりだ。

夢の島

本作で「江東区15号地、別名〝夢の島〟」と紹介されているのは、実は正確には〝新夢の島〟である。1957年、東京都のゴミ処理場として東京湾岸が埋め立てられてできたのが14号地の〝初代夢の島〟で、1967年まで使用された。その後を継いだのが15号地で1974年まで使用され役目を終えた。その後、15号地は若洲エリアとして若洲海浜公園やゴルフコースに変わった。

クローズアップ・キャスト

ゲスト俳優 三谷昇

繁華街に現れる謎のピエロは怪異な風貌でおなじみ三谷昇。本作では特徴ある目はピエロメイクであまり分からないが、非日常的な不思議な雰囲気を醸し出している。本筋とは関係ないが、夢の島へと誘う、いわば『不思議の国のアリス』の白ウサギ的な役割を担っている。

第22話・清掃局員の台詞から

「この埋め立て地はね、47万平方メートル。野球場がすっぽり14個も入る広さです。この10年間で東京都23区の人口は1.4倍ですからゴミは2.5倍になってます。まあ、みんな贅沢になったんですかねえ。それとも無駄なものを買わされているんでしょうかねえ。毎日6700トンのゴミが運ばれて来てますからねえ。東京23区900万人の都民が捨てる1日のゴミ量の約半分ですよ」

帰ってきたウルトラマン ［ 第30話 ］

呪いの骨神オクスター

〝水牛怪獣オクスター登場〟

1971年10月29日放送／脚本：石堂淑朗　監督：真船禎　特殊技術：高野宏一　ゲストキャスト：大泉滉

森の伝説の沼から水牛怪獣出現。水中に弱いジャックが危ない！

「日本にもまだまだ謎に包まれたところが残っているんですね」（郷秀樹）

あらすじ／　ハイキングの最中、森の中で迷ってしまった坂田健と次郎兄弟。牛を祀る神社の前で樵の松山老人に遭遇、山小屋に泊めてもらうことになる。途中、やはり道に迷った自称民俗学者の2人と合流、山小屋に泊まる。翌朝、松山は水牛の骨が無数にある谷に案内する。民俗学者は農民の「祟りが怖ろしいのでやめてくれ」という声を無視、骨を運び出そうとする。すると沼から水牛怪獣オクスターが現れ、口から液体を学者に吹きかけた。2人は溶け、松山も古井戸から伸びた怪獣の舌に巻かれ、消息を絶った。

MATが出動。液体は水牛の唾液で強力な溶解能力があった。マットアローはその唾液を吹きかけられ沼に墜落。逃げ遅れた伊吹隊長らにオクスターが迫る。郷はジャックに変身、アローごと沼からすくい上げた。オクスターと戦いながら水中に沈む。ジャックは水中が弱い。動きは鈍くなり、エネルギーも消耗が激しい。そのとき、ジャックはウルトラブレスレットから高熱を発し、一気に沼の水を蒸発させる戦法に出た。水中でしか息のできないオクスターは苦しみ、その間にジャックが最後の一撃を放って、骨にした。すると嵐が起こり、神社も倒れ、地は割れ無数の骨たちと共に地中深く吸い込まれていった。

ピンチ！
ウルトラブレスレットが沼の水を蒸発させた。呼吸困難のオクスターにスペシウム光線、ウルトラショット。オクスターは白骨化した。
水中戦！

クローズアップ・キャスト

ゲスト俳優 大泉滉

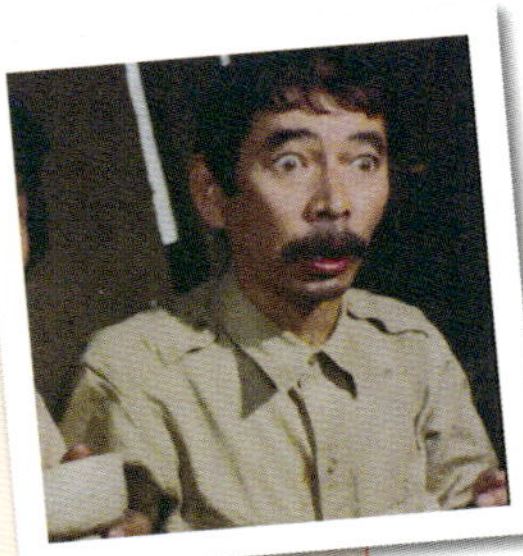

本作で民俗学者を演じた。ハーフのロシア人を父に持つ、クォーターであるためか目鼻立ちがクッキリしている。デビューは15歳のとき、1940年の日活映画『風の又三郎』。又三郎と交流する一郎少年を演じた。成人してからは一時期二枚目をやったこともあるが、主にコメディ役者として活躍した。特撮作品は少ないが円谷作品では『ウルトラQ』『快獣ブースカ』でゲスト出演。東映『仮面の忍者 赤影』のポルトガル人科学者ペドロ役でも知られている。

VS

オクスター

身長：70m　**体重**：4万5000t
特徴・得意技：口から何でも溶かす唾液を噴射する。頭部に生えた巨大な角2本は上下に動き、攻撃する際の強力な武器になる。水中戦を得意とする。

KAIJU DATA

帰ってきたウルトラマン［ 第40話 ］

冬の怪奇シリーズ まぼろしの雪女 〝雪女怪獣スノーゴン登場〟

1972年1月14日放送／脚本：石堂淑朗　監督：筧正典　特殊技術：真野田陽一　ゲストキャスト：寄山弘、荒井純子

雪山でアベックばかりの失踪続発。次郎は雪女を目撃した！

逆襲！
スノーゴンはジャックを凍結、体をバラバラにする。しかし、ジャックはウルトラ再生パワーで復活。逆にスノーゴンを凍結、撃破する。

「なるほど、雪女か…。宇宙人もあれこれ手を考えてくるな」（伊吹隊長）

あらすじ／　各地の雪山で男女二人連ればかりが消える事件が多発していた。郷は次郎少年と女子大生ルミ子が雪山に遊びに出かけたことに心配する。その予感は的中した。次郎たちが宿泊した山小屋で新婚カップルが消えたのだ。次郎はカップルが消えた晩、雪女のような女性を目撃していた。

カップル消失現場付近に円盤出現、MATアローの攻撃で墜落。河原に落ちた円盤から失踪していた新婚カップルが白く凍ったまま現れる。土星から来たブラック星人の仕業だった。ブラック星人は奴隷不足を補うために地球人の男女を拉致しに来たのだった。MATは星人を殲滅しようとするが逆に冷凍ガスで凍らされる。星人が連れていた雪女が巨大化する。雪女怪獣スノーゴンだ。ジャック登場。しかし、冷凍ガスでジャックも凍り倒れる。首、腕、足もポキリと折れバラバラになってしまう。だが、ブレスレットが光ると離れた体は元通りになる。再びスノーゴンは冷凍ガス攻撃をするが、跳ね返されてしまう。ジャックはブレスレットを楯に変形させ、ガスを打ち返したのだ。スノーゴンは硬く凍ってしまったのだった。

VS

スノーゴン

身長：45m　**体重**：2万3000t
特徴・得意技：普段は雪女のような姿をしており、山小屋の番人をする老人の孫娘に憑依している。口と両手から冷凍ガスを発射し、敵を凍らせる。怪力。

KAIJU DATA

ウルトラ雑記帳

人気シリーズ開始

「冬の怪奇シリーズ」は、『ウルトラマンA』では３本、また「夏の怪奇シリーズ」も3本作られた。『ウルトラマンレオ』では「見よ！ ウルトラ怪奇シリーズ」となり同じ怪奇でも狼男や半魚人などのテーマに変化する。また『レオ』では雪女などのモチーフは「日本名作民話シリーズ！」と銘打った路線に引き継がれている。

ウルトラ雑記帳

大人の会話

本作には子供番組らしからぬ描写がいくつかある。山小屋の番人に「新婚さんだけは別小屋に泊まれますよ」と言われ、照れる新婚カップルにはやし立てる登山者たち。雪女怪獣のために猛烈な寒さとなる山小屋。新婚カップルも震えて眠ることもできない。新妻は夫に「抱いて暖めて」なんて言う。翌朝、心配になった次郎とルミ子は別小屋を訪ねる。「ヤッホー」と呼びかける次郎に、ルミ子が「よしなさいよ、野暮天ね」とたしなめる。当時の子供たちはドキドキしながら観たのだろうか。

ウルトラマンA［ 第7話 ］

怪獣対超獣対宇宙人

ウルトラマンA［ 第8話 ］

太陽の命 エースの命

〝超獣・ドラゴリー　メトロン星人Jr　怪獣・ムルチ登場〟

1972年5月19日(7話)、5月26日(8話)放送／脚本：市川森一(7話)、上原正三(8話)　監督：筧正典　特殊技術：佐川和夫　ゲストキャスト：関かおり

妖星ゴランが地球に迫る。南は必殺技で消耗し、瀕死状態!

決死!
エースバリアで封じ込めたが、メトロン、ドラゴリー復活。ドラゴリーはエースブレードで首切断。メトロンはバーチカルギロチンで絶命。

「メトロン星にはそんな(婚約指輪を何より大事にする)習慣はないらしいな」(北斗星司)

あらすじ／　妖星ゴランが地球接近。このままでは地球消滅の危機。迎撃ミサイル・マリア1号で阻止することになった。発射基地の通信係・高階マヤは山中隊員の婚約者だ。山中は緊急時だったがマヤに婚約指輪を渡す。発射前、メトロン星人が現れマリア1号を破壊。メトロンはマヤに乗り移る。

TACはマリア2号建造に取り掛かろうとするが、設計図をマヤに化けたメトロンに奪われる。マヤを疑る北斗を山中はなじる。そんな矢先、超獣ドラゴリー出現。ウルトラマンAは、エネルギーを半分以上消費する危険な技・エースバリヤーでドラゴリーを封じ込めるが、その間にマヤに化けたメトロンは基地を襲撃。ゴランは刻々と近づいてくる…。

「北斗隊員を撃って。マリア2号を見たい」と言い出すマヤに山中は不信感を抱く。マリア2号を警備する北斗と南。南が「マリア2号を見せる代わりにその指輪をちょうだい」と言うとマヤは簡単に婚約指輪を外した。その無造作な態度で正体を見抜く北斗。マヤは山中に撃たれ、メトロンになった。

メトロンは巨大化、超獣ドラゴリーを出現させた。しかも、怪獣ムルチまでも現れた。北斗と南は変身したものの、3体の敵に大苦戦。苦渋の選択の末に使った二度目のエースバリヤーで南は瀕死状態に。その間にもゴランが迫る。

非常警戒中に、Aが封じたメトロンの姿を確認した山中は復讐に燃え、隊長命令を無視して星人を攻撃。覚醒した星人の反撃! 星人は一旦引くもののゴランの接近は続き、夕子の体調もさらに悪化、さらにドラゴリーも覚醒、と状況は最悪の危機を迎える。マリア2号完成まで、何としても戦い抜きたいという夕子の願いを聞き、共に戦場に乗り込む北斗。TAC総員の決死の奮戦が続く。そこへ飛び込むマリア2号完成の報! ドラゴリーとメトロンに襲われるマリア2号を守るべく、北斗と南は命がけの変身を敢行する! 果たして、地球の運命は!?

ウルトラ雑記帳

妖星ゴラン

1962年公開の東宝映画『妖星ゴラス』へのオマージュだろうか。巨大な星が迫ることによる地球滅亡の危機を描いている。映画の方は地球の公転軌道を変えて、星からの衝突を回避する作戦。本作では迎撃ミサイル・マリア2号が星を破壊する。地球に星が迫るテーマでは他に、1965年の大映作品『宇宙人東京に現わる』、1998年の米映画『アルマゲドン』などが知られている。

VS

ムルチ(二代目)

身長：48m　**体重**：1万t
特徴・得意技：巨大魚怪獣。魚と動物の中間生命体といわれる。全身の皮膚は銀色。

KAIJU DATA

VS

メトロン星人Jr.

身長：2.2～55m
体重：140kg ～3万t
特徴・得意技：両手からショック光線を発射する。自在に巨大化、縮小化が可能。憑依能力。

KAIJU DATA

VS

ドラゴリー

身長：67m
体重：5万8000t
特徴・得意技：凶暴かつ残虐な性質。口から高熱火炎を吐く。両手からロケット弾を発射。

KAIJU DATA

ウルトラマンタロウ ［ 第35話 ］

必殺！タロウ怒りの一撃！ 〝めつぶし星人カタン登場〟

1973年11月30日放送／脚本：田口成光　監督：深沢清澄　特殊技術：高橋勝　ゲストキャスト：浅野由香

敵はどこだ？ 目が見えない！ 可愛い少女の正体は!?

危機一髪！

タロウは目つぶし光線で視力を失う。ZATはカタンに鈴を付ける作戦でタロウを援護。タロウは鈴の音を頼りにウルトラダイナマイトで倒す。

「私、欲しいものがあるんだけどなぁ。私、この地球が欲しいわ」（まち子）

あらすじ／　光太郎は犬を助けるために車道へ飛び出た少女・まち子を救う。その後、宇宙人らしき者が運転する不審車両を発見追跡したが、車両は炎上、そばにまち子が倒れていた。光太郎は病院に搬送。まち子はベッドでセブン人形を欲しがったので光太郎は玩具店で購入、病院へ帰る道で車に撥ねられ腕を負傷する。数日と経たないうちに、今度は工事現場で鉄材が光太郎を直撃。入院した光太郎の前にまち子が現れた。まち子にはカタン星人が乗り移っていた。

カタン星人は目つぶし光線で光太郎の視力を奪った。さらに星人は光太郎の抹殺を図ろうとするが、朝日奈隊長たちに阻まれ、逃走。巨大化したカタンは街を破壊する。光太郎はタロウに変身するが再度目つぶし光線を浴びせられ、カタンとうまく戦えない。ZATの朝日奈隊長は「ベル作戦」として大きな鈴をカタンの首に取り付けた。タロウはその鈴の音を頼りに方向を見極めウルトラダイナマイトで倒す。次の日、元気になったまち子のもとへ光太郎がプレゼントを手にやって来る。タロウ人形をプレゼントする。まち子は「でも、私はタロウより光太郎さんが好き」と言う。大いに照れる光太郎。

VS

カタン星人

身長：2.2～51m
体重：98kg～3万1000t
特徴・得意技：両目から目つぶし光線を放つ。鉤状の右手から3万℃の火炎を出す。憑依能力。

KAIJU DATA

クローズアップ・ストーリー

女の子はフランス人形

少女・まち子がウルトラマン人形を欲しがることを朝日奈隊長は疑っていた。そのため、ZATの紅一点である森山いずみ隊員にこんな質問をする。「フランス人形とウルトラマン人形、どっちが欲しい」と。森山は迷うことなく「フランス人形です」と答え、朝日奈はうなずき、まち子が怪しいと思うのだ。だが、この推理は当たったからいいが、少々乱暴だ。男子は黒いランドセル、女子は赤いランドセルという決めつけと一緒である。本作のまち子は本当にウルトラ人形が好きだったのか？　ラストシーンではタロウ人形を光太郎からもらい、「本当はタロウより光太郎兄ちゃんの方が好き」というオチ。結局、女心なんて男には分からないのだ。

クローズアップ・キャスト

レギュラー 名古屋章

ZATの朝日奈勇太郎隊長として楽しそうに演じている名古屋章はラジオ時代の1950年代前半から活躍する名バイプレーヤー。朝日奈役はスケジュールの都合で毎回の出演ができないという条件で受けたという。そのため、副隊長の荒垣役・東野孝彦（東野英心）が隊長代わりに活躍していた。本数は少なかったが、ざっくばらんでユーモアたっぷりという、およそ隊長に相応しくないキャラで大いに楽しませてくれた。声がシブくてかっこいいので声優・ナレーターでも知られ、『ロックフォードの事件メモ』のジェームズ・ガーナーがピッタリ。『トイ・ストーリー』のMr.ポテトヘッドも名古屋だった。

ウルトラマンタロウ [第29話]

ベムスター復活！タロウ絶体絶命！

ウルトラマンタロウ [第30話]

逆襲！怪獣軍団

〝異次元人ヤプール　宇宙怪獣ベムスター　登場〟

1973年10月19日（29話）、10月26日（30話）放送／脚本：田口成光　監督：山本正孝　特殊技術：高野宏一　ゲストキャスト：大和田獏、蓮川久美

人間だって怪獣を倒せる!! ヤプールに立ち向かうタロウと人間たち。

「多分君たちの心のどこかに、困ったときにはタロウが来てくれるという気持ちがあるんだ。そんな腐った気持ちを、君たちの心から消すために、俺はあの怪獣を倒すんだ！」（海野八郎）

あらすじ／　異次元人ヤプールがベムスターを地球に差し向けた。ベムスターはZATの宇宙ステーションを飲み込む。荒垣副隊長と光太郎はステーション隊長・佐野の死を報告に行くが佐野の息子・とおるに責められる。健一の通う寺子屋の先生・海野は子供たちの「ZATは役に立たない。タロウがいればいい」という心ない発言に怒る。落胆した健一の姿に荒垣はベムスターを倒す決意をする。ZATはウルトラブレスレットと同等の威力がある回転ノコギリでベムスターに対抗するが負けてしまう。子供たちはますますZATを批判。が、海野は「人間だって怪獣を倒せる」と宣言。ベムスターが出現、ZATが出動する。だが、子供たちがZATを無視し「タロウ早く来い」と叫ぶため、変身に躊躇する光太郎。その間に海野がベムスターに突進、口の中に爆弾を投げ入れるが失敗する。その上、タロウに救われた。しかし、そのタロウはベムスターに負けた。

再びベムスター出現。海野がベムスターの頭部に登り、目をナイフで刺す。ZATは新開発のエネルギー爆弾をベムスターの腹の口に入れた。ベムスター劣性。慌てたヤプールは2体の超獣サボテンダー、ベロクロンを送った。ZATは、海野は、人間は怪獣を倒すことができるのだろうか…。

大逆転!

ベムスター（改）援護のサボテンダー（改造）とベロクロン（改造）。ベロクロンとベムスターはZATの攻撃に敗れ、サボテンダーはタロウのストリウム光線で倒された。

VS

サボテンダー（改造）

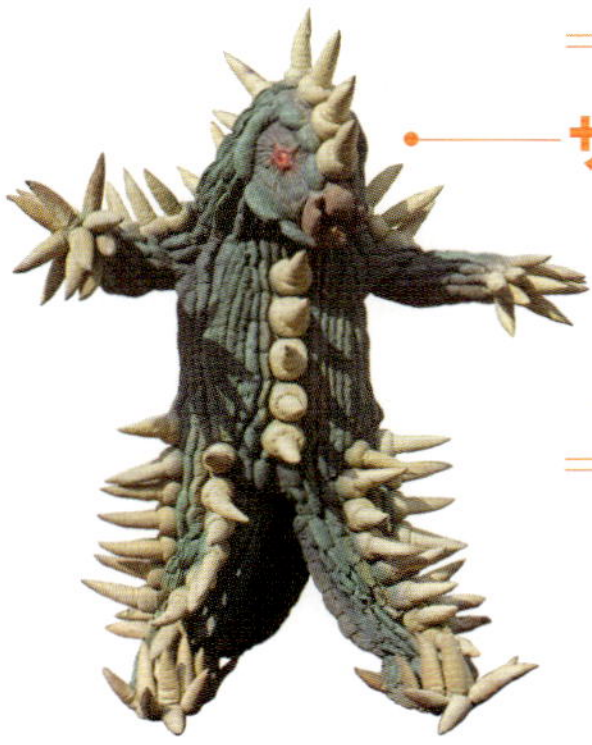

身長：60m　**体重**：5万t
特徴・得意技：ハリネズミとサボテンの合体超獣。手先のトゲをミサイルのように放ったり、相手に突き刺す攻撃が得意とされる。

KAIJU DATA

VS

ベロクロン（改造）

身長：55m　**体重**：4万4440t
特徴・得意技：全身の突起物からミサイルを発射。また、口から高熱の火炎を吐いたりもできるといわれている。

KAIJU DATA

VS

ベムスター（改造）

身長：80m　**体重**：6万1000t
特徴・得意技：目から光弾や破壊光線を放つ。腹の口からあらゆるエネルギーを吸収し、破壊光線や毒ガスを発する。頭部の角は初代より長い。

KAIJU DATA

ZATのメンバー紹介

ZAT（Zariba of All Territoryの略）

前列左から／西田次郎(三ツ木清隆)、副隊長・荒垣修平(東野孝彦)
下中央／隊長・朝日奈勇太郎(名古屋章)、森山いずみ(松谷紀代子)、南原忠男(木村豊幸)
後列中央／東光太郎(篠田三郎)、その右／北島哲也(津村秀祐)
※芸名当時

クローズアップ・キャスト

レギュラー 津村秀祐（現：津村鷹志）

ZATの北島哲也隊員を演じている。兵器開発、情報分析の専門家という役どころ。1960年代後半よりテレビドラマを中心に活躍してきた。小ズルいやつ、いかさないサラリーマン、口うるさそうな上司など小悪党的な役をやらせたらウマい。NHK・BS『名探偵モンク』では主人公モンクの兄役、ジョン・タトゥーロの吹き替えを担当した。父は映画評論家の津村秀夫。

レギュラー 東野孝彦（後、東野英心に改名）

ZATの荒垣修平副隊長役を本当に楽しそうに演じている。隊長役の名古屋章がスケジュールの都合で中盤はほとんど不在なのだが、その穴を感じさせないほど東野の演技は生き生きとして素晴らしい。テレ朝系『あばれはっちゃく』の厳格な父親、NHK『中学生日記』の理解ある教師役は絶品だった。父・東野英治郎（水戸黄門役）がビッグスターであっただけにその影に隠れがちだが、もっと評価されていい役者である。残念ながら2000年に死去、享年58歳だった。

ゲスト俳優 大和田獏

寺子屋のような学習塾の先生・海野八郎を演じるのは大和田獏。熱血漢の海野は子供たちが「タロウがいればZATなんていらない」という発言に怒り、「人間だって怪獣の一匹や二匹倒せる」と宣言、本当に実行する。ロープにぶら下がり訓練する姿はまるでターザンだが、本作では東光太郎より出番が多く目立っている。最初のベムスター攻撃に失敗しタロウに助けられると「タロウの馬鹿野郎!」と言ってしまう。人間の力を見せたかったのに、タロウに救われてしまう自分が不甲斐なかったのだ。ところで、ハカマ並に幅が広い裾のパンタロンが実に似合っている。1973年といえば、女性は超ミニ、男性はパンタロンなのであった。妻は女優の岡江久美子、兄は俳優の大和田伸也。野沢直子が歌った『おーわだばく』がナツカシイ。

ウルトラマンレオ［ 第50話 ］

恐怖の円盤生物シリーズ! レオの命よ! キングの奇跡!

〝円盤生物ブニョ ウルトラマンキング登場〟

1975年3月21日放送／脚本：石堂淑朗　監督：山際永三　特撮監督：矢島信男　ゲストキャスト：蟹江敬三

復活！
宇宙ノコギリで解体されたレオをウルトラマンキングの再生光線が救う。ブニョはジェット火炎を繰り出すがレオキックに敗退する。

力はないが悪知恵があるブニョの企みで、レオがバラバラにされた！

「レオがいないほうがこの地球は平和なんじゃないかしら」（美山いずみ）
「でも、もしレオが聞いてたら、地球を守るのが嫌になるかもしれないよ」（梅田トオル）

あらすじ／ ブラック指令の前に星人ブニョが現れた。ブニョは人間の姿になるが、クネクネと弱々しい。だが、「力はないが、知恵でレオを騙す」という。ゲンはブニョを発見、戦う。が、ブニョは弱く、すぐに退散した。

美山家の夜。いずみが「レオがいないほうが地球は平和なんじゃないかしら」と話す。ショックを受けるトオル。ゲンは否定しない。咲子の病院に泥棒が入ったとの知らせ。調べに行った咲子はブニョに捕まる。その様子が美山家のテレビに映る。いずみは「レオがこの近くにいるから狙われた」と眉をひそめる。

ゲンは病院内のブニョを発見。ブニョはレオが病院では変身しないと考え誘い込んだのだ。宇宙ロープで縛り、冷凍室に連れ込む。ゲンは変身するが宇宙ロープのせいで巨大化できない。冷凍されたレオにノコギリが当てられた。

トオルの耳に「僕は迷惑をかけたかも知れないが地球が好きだ。地球に埋めてくれ」とゲンの声。翌朝、バラバラになったレオの死体を発見したトオルは埋める。レオなき地球をブニョが襲う。そのとき、キングが現れレオの墓穴にキングビームを放射、奇跡が起こった。レオが復活したのだ…。

VS

星人ブニョ

身長：1.9～61m
体重：84kg～2万3000t
特徴・得意技：人間態に変身し、クネクネ歩く。性質は狡猾で残忍。口から火花状の火炎、緑色のスリップオイルを吐く。宇宙ロープを持っている。

KAIJU DATA

MACのメンバー紹介

MAC（Monster Attacking Crewの略）

左から／おおとりゲン（真夏竜）、モロボシ・ダン（森次晃嗣）
梶田一平（朝倉隆）、白土純（松坂雅治）
手前／佐藤大介（手塚茂夫）

▲口から火花を吹く星人ブニョ。

クローズアップ・キャスト

ゲスト俳優 蟹江敬三

クネクネとした円盤生物の人間態を演じたのはおなじみ蟹江敬三。緑色の洋服を着た蟹江は髪型もオカッパ。ひょろ長いアンテナを耳のあたりから出して実に不気味。米コメディSFテレビ『ブラボー火星人』（日本では1964年放送）を参考にしたのだろうか。活動は1960年代後半から。眼光鋭く、強烈な面相なので犯人役、悪人役も多いが反面、刑事役、善人役も少なくない。怖そうだが、実は優しく含蓄のある人物というキャラクターは彼の得意とするところだった。晩年は2013年のNHK朝ドラ『あまちゃん』で主人公・天野アキ（能年玲奈）の祖父・天野忠兵衛役で注目される。2014年3月、69歳で亡くなった。最近は長男の蟹江一平が変人キャラでバラエティなどに出演している。少年時代の一平は、父・蟹江が悪役ばかり演じるので学校でいじめに遭っていたこともあるという。

レギュラー 奈良富士子

美山家の長女・いずみ役。子役として、1966年の東映テレビ『忍者ハットリくん』に出演していた。72年には歌手としてシングルを何枚かリリースした。その後は俳優業に専念し現在も活躍する息の長い女優である。

レギュラー 大林丈史

ブラック指令を演じている。本作では顔に影があり見えない。ときどき、アップがあるも詳細な顔は分からない。それでも黒帽子に黒マント姿のブラック指令は強烈な印象を残す。俳優座養成所16期生。同期には峰岸徹、古谷一行など。海外放浪歴や語学力を買われたのかパリ、イスタンブール、インドなど海外ロケを敢行した1973年の日活大作映画『陽は昇る陽は沈む』で主役の西役を射止めている。同作の相手役は『夕陽のガンマン』にも出ていた国際派女優ローズマリー・デクスター。また、フジテレビ『木枯らし紋次郎』では主役の中村敦夫のスタントとして紋次郎役を務めたこともあるという。

ウルトラマンレオ ［ 第24話 ］

美しいおとめ座の少女

〝ロボット怪獣ガメロット サーリン星人 少女カロリン登場〟

1974年9月20日放送／脚本：奥津啓二郎　監督：前田勲　特撮監督：矢島信男　ゲストキャスト：天本英世、松岡まり子

危機一髪！

ガメロットの硬い装甲に手こずるレオ。少女カロリンはロケットに変形、ガメロットへ体当たり。続き、レオキックでガメロットは倒れた。

人間皆殺し！ ロボットに支配された星からの逃亡者の哀しき戦い。

「たとえアンドロイドでもこの子は私の孫です。これからもずっと一緒にいるつもりです」（ドドル博士）

あらすじ／　宇宙船が地球に不時着、中から乙女座のサーリン星人・ドドル博士と孫娘のカロリンが出て来た。カロリンはドドルの怪我を診てもらうため病院を訪ねるが断られる。その夜、カロリンはゲンに助けを求めに行く。昼間、パトロール中のゲンと出会っていたのだ。ゲンの看病でドドルは回復する。ドドル博士が作ったロボットが反乱を起こし、サーリン星人は絶滅、2人は命からがら逃走してきたのだ。

だが、2人を追ってロボット型宇宙船がやって来た。「逃亡者2人を引き渡せ」と迫る宇宙船はロボット怪獣ガメロットに姿を変えて攻撃してきた。ガメロットの破壊力は強大だった。MACはサーリン星人を探し出し、ガメロットに引き渡そうと考える。異を唱えるゲンだが、ダンすら「地球の安全を守るためには仕方がない」という。

ゲンは2人を逃がそうとするがダンに見つかる。意外や、ダンは2人を助けようとした。しかし、逃げる前にガメロットに気付かれた。ゲンはレオに変身するがガメロットは強い。それを見たカロリンはロケット状に姿を変え飛び、ガメロットの機関部に突撃した。動きの鈍ったガメロットをレオが撃破した。カロリンはドドル博士が造った、人を愛するアンドロイドだった。カロリンの魂は、地球上で安らかな眠りにつくことになった…。

VS

ガメロット

身長：50m　**体重**：6万t
特徴・得意技：手足を収納すると宇宙船になる。全身は頑強な特殊金属製。胸の七つのランプから破壊光線照射。

KAIJU DATA

クローズアップ・キャスト

ゲスト女優 松岡まり子

乙女座のサーリン星からやって来た美しき少女・カロリン役。緑色の宇宙人衣装で可憐さいっぱいの前半、ラストは一転、本来のアンドロイドとしての姿を現し、勇猛果敢にガメロットに突っ込む。女優の前には大橋巨泉が司会のTBS『お笑い頭の体操』のアシスタントなどをしていたという。1974年の『仮面ライダー アマゾン』ではレギュラーの岡村りつ子役を得ている。当初はアマゾンを嫌っているが徐々に心を開いていくという、陰影のあるヒロインを演じていた。

盟の章

「盟」とは固い約束、
互いに結ぶ誓いの意。
絶体絶命のウルトラマンを
ウルトラの星の家族たちが救う話。
あるいは教えや戒めなど。

ウルトラマン［ 第39話 ］

さらばウルトラマン 〝宇宙恐竜ゼットン登場〟

1967年4月9日放送／脚本：金城哲夫　監督：円谷一　特殊技術：高野宏一　ゲストキャスト：平田昭彦

危機一髪！
八つ裂き光輪は粉砕。スペシウム光線はゼットンの体に吸い取られる。ゼットンがカラータイマーを破壊するとウルトラマンは倒れた。

最強ゼットン現る。ウルトラマンが敗れた。ウルトラマンが死んだ。

「ウルトラマン、お前はもう十分に地球のために尽くしたのだ。地球の平和は人間の手でつかみ取ることに価値があるのだ」（ゾフィー）

あらすじ／　空飛ぶ円盤の大群が地球を襲う。地球侵略の手始めは日本とウルトラマンを倒すことだった。科特隊は地球存亡の危機のため出動する。本部に残った岩本博士は表情が一変、フジ隊員を気絶させ、その間に計器類を破壊し始める。宇宙人が岩本博士に化けていたのだ。

大型宇宙船からゼットンが現れる。ハヤタはウルトラマンに変身。八つ裂き光輪、スペシウム光線と連続攻撃するがゼットンはびくともしない。ゼットンは波状光線を見舞った。ウルトラマンの動きが止まり、硬直したまま倒れ込んだ。フジは叫ぶ。「ウルトラマン、立つのよ。あなたが死んだら地球はどうなるの！」。アラシとイデは岩本博士が開発した新兵器を発射、ゼットンは粉々に破壊された。

だが、ウルトラマンは動かない。そこへM78星雲の宇宙警備隊員ゾフィーが登場する。ゾフィーの役目はウルトラマンを光の国に戻すことだ。しかし、ウルトラマンは「私が帰ればハヤタが死ぬ」と拒否する。ゾフィーは「ならばもう一つの命をハヤタにやろう」とハヤタとウルトラマンを分離する。やがて、ウルトラマンを封じ込めた赤い球体とゾフィーは空に消えた。

▶初登場のゾフィー。ウルトラマンとハヤタの魂を分離する。

VS

ゼットン

身長：60m **体重**：3万t
特徴・得意技：手から波状の破壊光線、頭部から1兆℃の火球を放つ。防御バリヤーを張ることができる。瞬間移動能力がある。

KAIJU DATA

▲宇宙恐竜ゼットンを操るゼットン星人。岩本博士に化けていた。

ウルトラ雑記帳

空飛ぶ円盤

本作では岩本博士（平田昭彦）が「空飛ぶ円盤は1930年以来、頻繁に地球に現れている」というセリフがある。しかし、空飛ぶ円盤の目撃例は1947年が初と言われる。アメリカ人のケネス・アーノルドが自家用機を操縦中に編隊飛行する9つの物体を目撃した。その様子を詳細に伝えたとき、「その飛行物体はまるで水面を跳ねて飛ぶような感じだった」と表現。そこから、新聞記者が空を飛ぶ皿（ソーサー）、すなわち〝空飛ぶ円盤〟Flying saucerという言葉を編み出したという。本作放映時にはいわゆるUFOという言葉はまだ一般的ではなく、それが浸透するのは70年代に入ってからである。

クローズアップ・キャスト

ゲスト俳優 平田昭彦

東宝映画ではおなじみのバイプレーヤーで、多くの特撮作品にも出演した。本シリーズではビートルを開発した岩本博士役で準レギュラーを務めた。1954年の第1作『ゴジラ』では黒い眼帯の芹沢博士を演じ、強烈な印象を残した。妻は女優の久我美子。

帰ってきたウルトラマン ［ **第18話** ］

ウルトラセブン参上！ 〝宇宙大怪獣ベムスター登場〟

1971年8月6日放送／脚本：市川森一　監督：鍛冶昇　特殊技術：佐川和夫　ゲストキャスト：南広、立花房子、山本正明

スペシウム光線さえも吸い込むベムスターにジャック、大苦戦!!

「太陽！ この私をもっと強くしてくれ。お前がお前の子である地球を愛しているなら、この私にベムスターと互角に戦う力を与えてくれ！」
（ウルトラマンジャック）

あらすじ／　MAT宇宙ステーションが怪獣に襲われた。怪獣はステーションごと飲み込み、乗組員は全員殉職した。ステーションの梶キャプテンと親友だったMATの加藤隊長はショック。さらに、その怪獣は地球にやって来た。怪獣は水素、窒素などガスを好物とする怪獣ベムスターだった。MATはMATアローで攻撃するが歯が立たない。ベムスターはガスコンビナートを襲い、ガスタンクのガスを吸い込む。コンビナートは火の海になった。ジャック登場、切り札のスペシウム光線をお見舞い。だが、ベムスターはスペシウム光線さえ吸収するのだ。

ジャックは退却、太陽を目指す。「太陽！地球を愛しているなら私に力を与えてくれ」と呼びかける。太陽の引力に引き寄せられるジャック、このままでは危険だ。その瞬間、ジャックを引き寄せ救ったのはウルトラセブンだった。セブンは宇宙怪獣と互角に戦えるというウルトラブレスレットを与えた。

地球に戻ったジャックは再びベムスターと対峙。ブレスレットを投げつける。ブレスレットはウルトラスパークとなりベムスターの両翼と頭部を切り落とした。

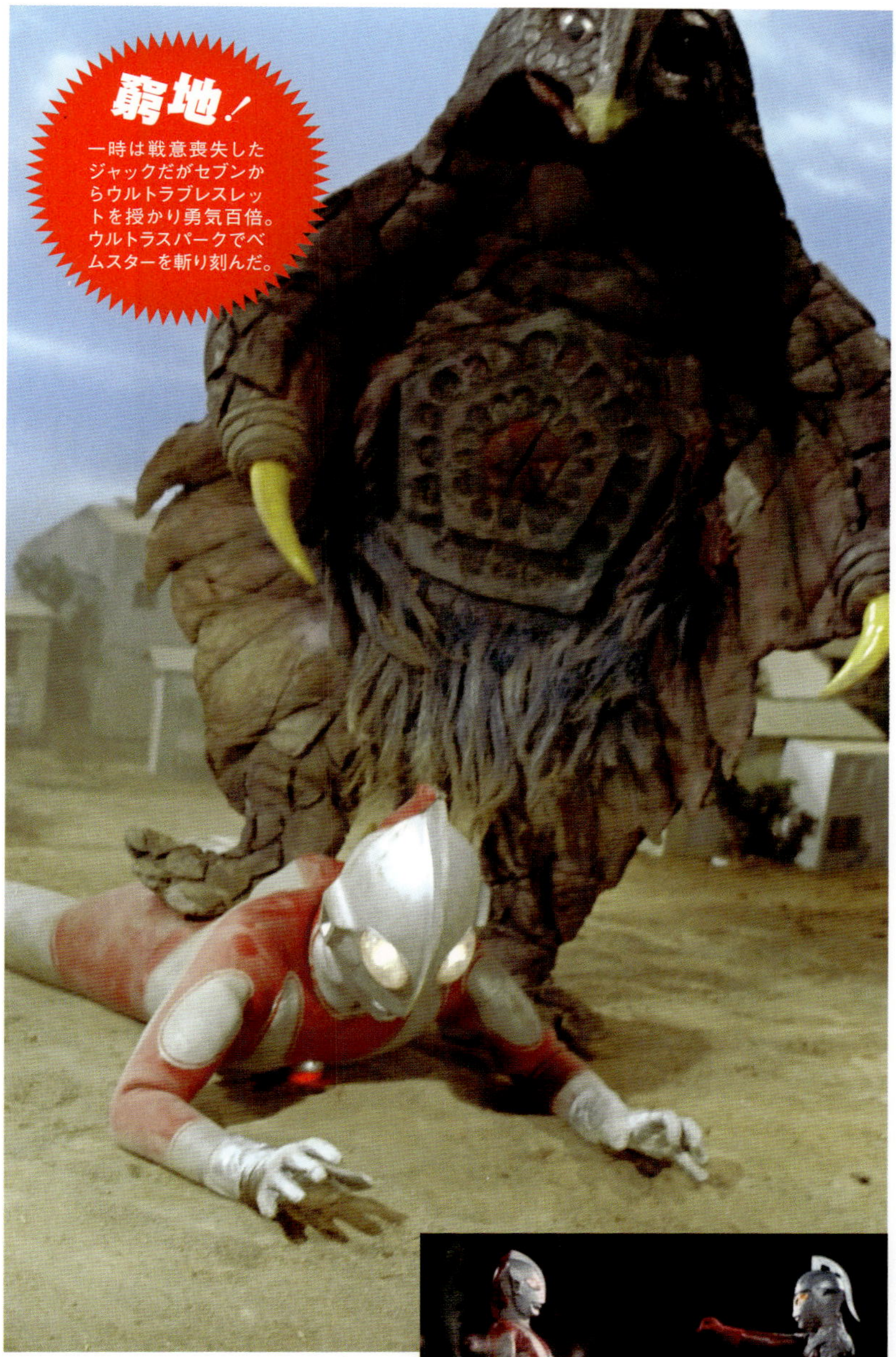

窮地！
一時は戦意喪失したジャックだがセブンからウルトラブレスレットを授かり勇気百倍。ウルトラスパークでベムスターを斬り刻んだ。

▲セブンからウルトラブレスレットを授けられるジャック。

▲南広（左）と、大門正明（右）

物語の背景

オイルショック前夜

1970年代に入ると急激なる高度成長の歪みともいうべきエネルギー危機問題が登場してくる。本作の2年後、1973年にはガスではないが、有名なるオイルショックがピークを迎えるのである。

クローズアップ・キャスト

ゲスト俳優 南広、助演 大門正明

宇宙ステーションの梶キャプテン役はベテランバイプレーヤー・南広（廣）。もともとはミュージシャンでナベプロ創業者・渡辺晋率いるジャズバンドのシックス・ジョーズでドラムを担当していた。1958年から俳優業に専念している。円谷作品では『ウルトラセブン』『マイティジャック』のセミレギュラー。ところで、同じステーションの隊員役で出演しているのが羅雅煌（らまさあき）、後の大門正明だ。大門はその後、映画『高校生無頼控 突きのムラマサ』で好演し注目される。『ウルトラマン80』ではUGMのイトウ順吉チーフ役も演じている。

VS

ベムスター

身長：46m **体重**：6万1000t
特徴・得意技：角から破壊光線を発射。水素、窒素、ヘリウムなどのガスが好物。腹にある五角形の口からあらゆるエネルギーを飲み込み、スペシウム光線すら吸収する。飛行能力に優れ空中戦も得意。

KAIJU DATA

帰ってきたウルトラマン［ 第37話 ］

ウルトラマン 夕陽に死す

〝用心棒怪獣ブラックキング登場〟

帰ってきたウルトラマン［ 第38話 ］

ウルトラの星 光る時

〝暗殺宇宙星人ナックル登場〟

1971年12月17日（37話）、12月24日（38話）放送／脚本：上原正三　監督：富田義治　特殊技術：大木淳　ゲストキャスト：成瀬昌彦、森次浩司（現・晃嗣）（38話）、黒部進（38話）

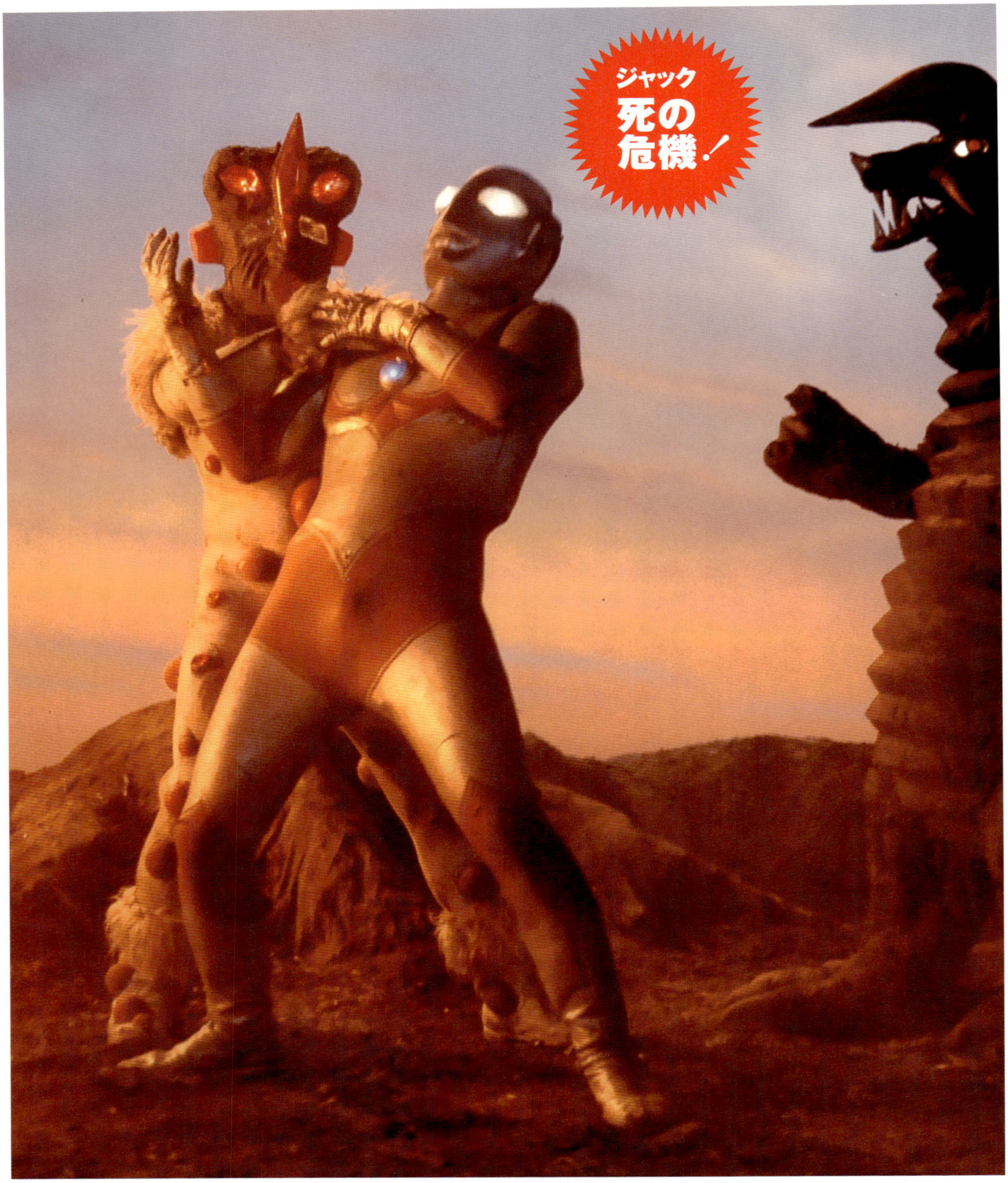

郷の恋人・アキが、その兄・健が。そして、ジャックが死んだ…。

「太陽エネルギーをくれ！　頼む、私はここで倒れるわけにはいかないのだ！」（ウルトラマンジャック）

あらすじ／　ジャックのかつての強敵怪獣2体が再び現れた。シーゴラスとベムスターだ。ジャックはシーゴラスの津波を阻止、打ち負かす。また、ベムスターも前回同様にブレスレットで首と翼を斬り勝利する。だが、これはナックル星人がジャックのデータを収集するための罠だった。

一方、MATが開発した超強力爆薬サターンZを国土開発に使うため現地へ輸送することになった。その途中、ブラックキング出現。MATが応戦する隙にサターンZはナックル星人に奪われる。また、星人は郷の恋人・坂田アキを拉致し、走る車から投げ落とす。阻止しようとした兄の坂田健もまた車にはねられる。

2人を失った郷は怒りに燃え変身、ブラックキングと戦う。星人も巨大化し、ブラックキングに加勢する。しかし夕方、太陽エネルギーが少なく、ジャックは倒れる。

また、MAT隊員はナックル星人の催眠術にかかり仲間同士で争いあう展開に。絶体絶命。死人同然のジャックの処刑のときも迫った。そのとき、ハヤタとモロボシが登場、「ジャックを蘇生させるためにはウルトラの星作戦しかない」と変身、初代ウルトラマンとセブンは協力してジャックにエネルギーを与えた。強力な力を得たジャックは再び立ち上がった。

復活逆転！

ウルトラの星作戦で復活したジャックにナックル星人、ブラックキングが襲いかかる。苦戦するが、気合のウルトラ投げで勝利する。

VS

ナックル星人

身長：2～43m
体重：250kg～2万t
特徴・得意技：高度な知能を持つ。人間の姿に変身できる。身体は巨大化、縮小化が可能。両目から破壊光線を出す。

KAIJU DATA

VS

ブラックキング

身長：65m　**体重**：6万t
特徴・得意技：金色の角　蛇腹状のボディ。身体は硬くスペシウム光線もウルトラブレスレットも跳ね返すほど。口から熱線を吐く。

KAIJU DATA

MATのメンバー紹介

MAT（Monster Attack Teamの略）

前列左から／丘ユリ子(桂木美加)、隊長・伊吹竜(根上淳)
後列左から／南猛(池田駿介)、岸田文夫（西田健)、郷秀樹（団次郎[現・時朗])、上野一平(三井恒)

ウルトラ雑記帳

レギュラー 根上淳

加藤隊長に代わり新隊長となったのは大映の二枚目スターとして有名だった根上淳だ。1949年から1967年の間に約100本の作品に出演。マーロン・ブランド、京マチ子主演の米映画『八月十五夜の茶屋』（1956年）にも出演した。通訳をしていたほど英語は堪能だったという。夫人は『ウルトラマンタロウ』でウルトラの母役（声・人間態）を演じた歌手・ペギー葉山。

クローズアップ・キャスト

ファミリー構想の出発点？

初代ウルトラマンとセブンが登場し、3大ウルトラマンが一堂に会するというのは初の試み。おそらく、これをきっかけにウルトラファミリーという壮大なる構想が一気に本格化していったのではないだろうか。

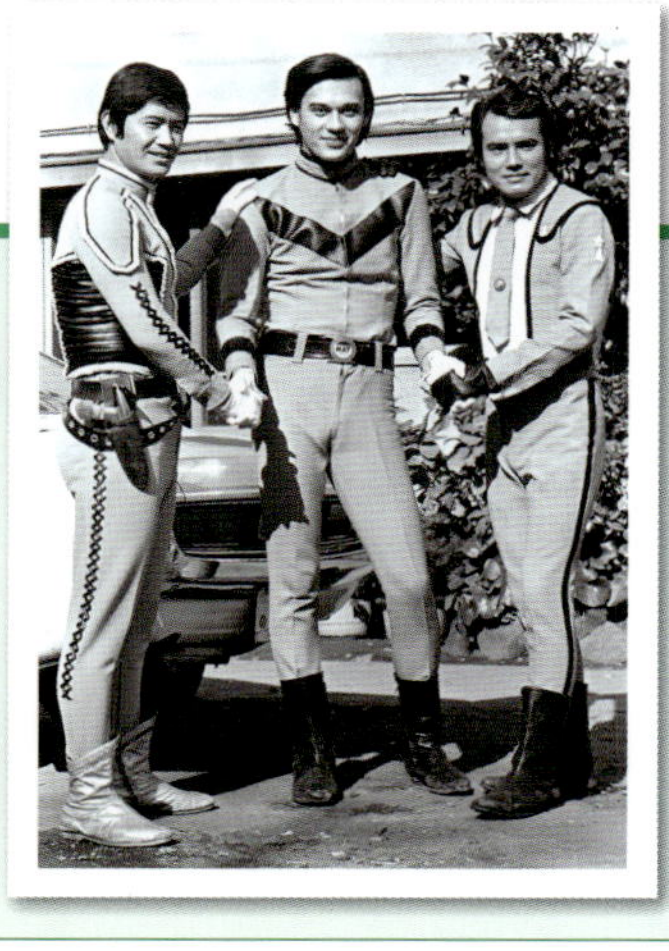

▶左からセブン（森次浩司)、ジャック（団次郎)、初代マン（黒部進）
※芸名当時

ウルトラマンA [第5話]

大蟻超獣対ウルトラ兄弟

〝大蟻超獣アリブンタ登場〟

1972年5月5日放送/脚本:上原正三　監督:真船禎　特殊技術:大平隆　ゲストキャスト:福原圭一、小林恵美子

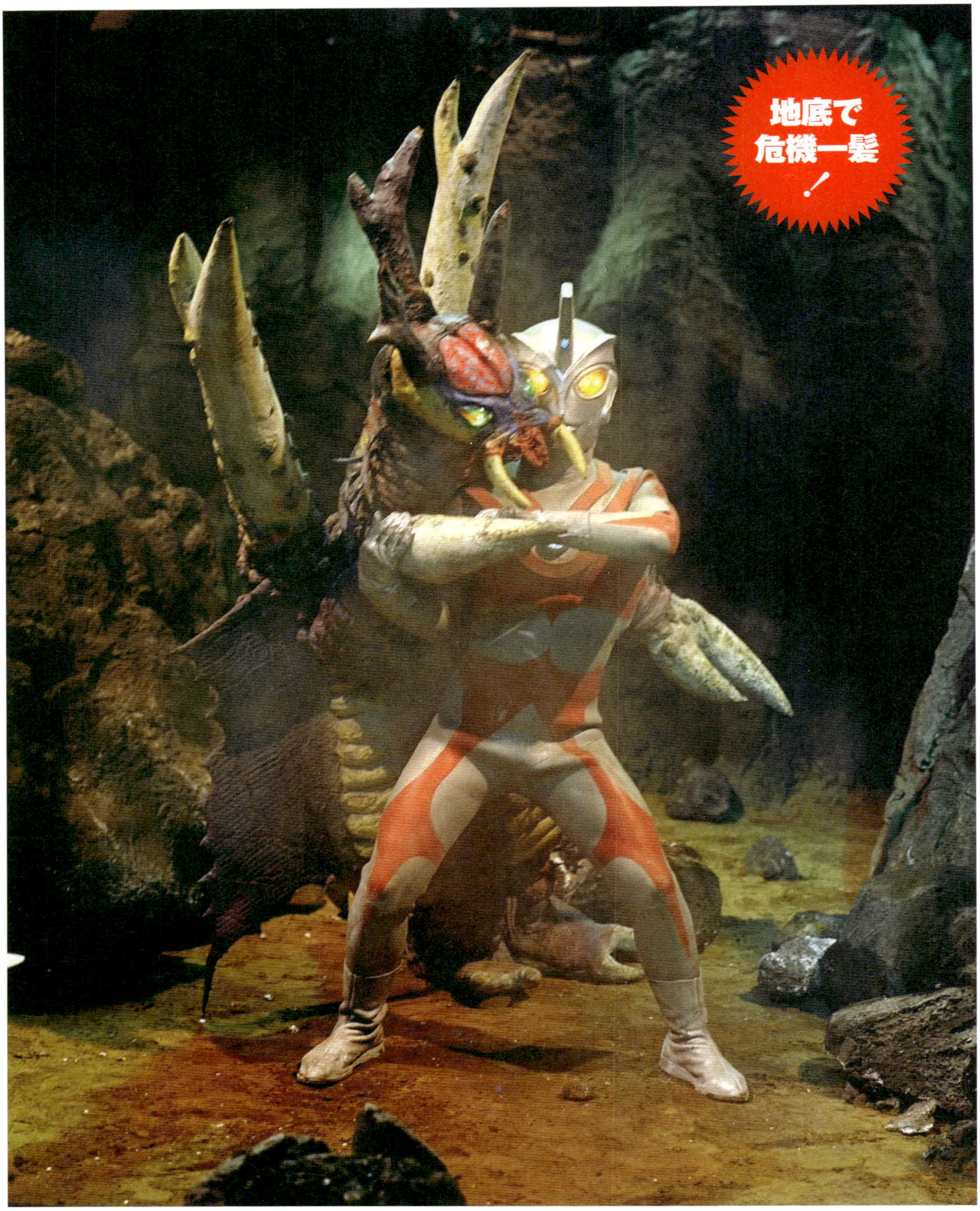

東京地下に蟻の帝国誕生。地下に弱いAがゾフィーと共闘する!

「でも、ウルトラマンAは地下に潜る技術を知らないのよ!」（南夕子）

あらすじ/　血液型Oの女性ばかりが失踪する事件が相次いだ。TAC非番の日、北斗は南の買い物に付き合わされていた。突然、地が割れ、南が引き込まれそうになる。超獣が蟻地獄を使って捕えようとしたのだ。南もO型だった。さらに、地下鉄が超獣に襲われる事件が発生。超獣は乗客と車両を溶かしてしまった。やはり、異次元人ヤプールの陰謀なのか。ヤプールに派遣されたと思われるギロン人が大蟻超獣アリブンタを操り、東京の地下を蟻の巣帝国にする計画だった。

TACは地底探索用戦車ダックビルで地中に入る。だが、アリブンタの攻撃で機関部損傷、動けなくなる。北斗と南はAになり、ダックビルを救出しようとするが、ウルトラマンAには地下に潜る技術がなかった。そこで、あえてアリブンタの蟻地獄に巻き込まれ地中に入ることにした。地下で変身。しかし、地下ではAは満足に戦えず倒れ、SOSを発信。宇宙からゾフィーがやって来るとAにエネルギーを補充した。Aは復活、ゾフィーと共にアリブンタ、巨大化したギロン人と戦う…。

共闘！
Aは蟻酸攻撃を受けるがメタリウム光線で逆襲、地上へ脱出。Aにゾフィーが助太刀。アリブンタとギロン人を激突させ両者を倒す。

VS

ギロン人

身長：3～46m
体重：600kg ～2万6000t
特徴・得意技：ヤプールの配下で、アリブンタを操り、東京の地下に大要塞を築くのが使命。ハサミ状の手からギロン光線を放つ。

KAIJU DATA

VS

アリブンタ

身長：57m　**体重：**6万2000t
特徴・得意技：好物は女性のO型血液。四次元蟻地獄で獲物を捕らえる。口から鉄をも溶かす蟻酸を吐く。両手の爪からは炎噴射。

KAIJU DATA

TACのメンバー紹介
(Terrible-monster Attacking Crewの略)

左から／今野勉(山本正明)、山中一郎(沖田駿一)、南夕子(星光子)、隊長・竜五郎(瑳川哲朗)、北斗星司 (高峰圭二)、美川のり子(西恵子)、吉村公三(佐野光洋)

クローズアップ・キャスト

レギュラー 沖田駿一 (現：沖田駿一郎)

山中一郎隊員は、TACの副隊長格でありタックガンの名手で2丁拳銃がトレードマークだ。日活第7期ニューフェース出身で1960年代後半から日活のムードアクションに多数出演している。風貌から不良っぽい役、ヤクザ役も多いが、大概はそそのかされて悪になったという役どころだ。日活作品では鈴木清順監督『東京流れ者』のバーテンダー役がいい。

ウルトラ雑記帳

アリブンタ のネーミング

1954年の『黒い絨毯』という米映画に登場する人喰い蟻の大群がマラブンタであるようだ。南米アマゾンの開拓地を無数のマラブンタが襲い（移動しながら）何もかもを食い尽くす恐怖を描いている。1998年にはB級映画の『マラブンタ』という作品もあった。マラブンタがアリブンタの語源になったわけである。

異次元人ヤプール のネーミング

沼正三の著した長編小説『家畜人ヤプー』からの発想であると思われる。同作は1956年から雑誌『奇譚クラブ』に1年半連載され、その後、断続的に続けられ加筆されながら単行本になった。SF的な設定のグロテスクな描写満載の奇書でもあり、発表当時は賛否両論、右翼の抗議行動があるなどセンセーショナルな話題でも知られている。舞台化、石ノ森章太郎によるマンガ化もされた。作者の沼正三は覆面作家であるため素性は明かされていないが、同書を絶賛した三島由紀夫説、また澁澤龍彦説などさまざまな人物の名が挙がっている。

ウルトラマンA［ 第13話 ］

死刑！ウルトラ5兄弟

〝殺し屋超獣バラバ登場〟

ウルトラマンA［ 第14話 ］

銀河に散った5つの星

〝殺し屋超獣バラバ　異次元超人エースキラー登場〟

1972年6月30日（13話）、7月7日（14話）放送／脚本：田口成光（13話）、市川森一（14話）　監督：吉野安雄　特殊技術：佐川和夫　ゲストキャスト：山形勲（14話）、染谷利貴

大苦戦！
ウルトラ4兄弟から奪った能力を得たエースキラーがAを苦しめる。が、ウルトラ兄弟の力を集結したスペースQでエースキラーは大爆発。

ウルトラ兄弟が人質になった。Aは兄たちと地球を救えるのか!?

「聞くんだ、A。このままではウルトラ5兄弟はここで死ぬことになる。だがA、おまえは死ぬにはあまりにも若すぎる」（初代ウルトラマン）

あらすじ／　ゴルゴダ星からウルトラサインが。ゴルゴダへ向かうAとほかの兄弟4人。だが、誰もサインを出していない。ヤプールの罠だった。絶対零度の超低温攻撃を受け5人は弱っていく。地球では超獣バラバが暴れている。Aは戻りたいがパワーが足りない。兄弟たちはパワーを弟に分けることにする。「兄さんたちが死ぬ」と拒むAを諭し4兄弟はパワーを与える。Aは地球へ。残った4兄弟は十字架に磔《はりつけ》にされた。バラバと戦うTACとAにヤプールは「降伏しなければ兄弟の命はない」と通告する。

TACの高倉司令官は「ゴルゴダを超高速ミサイルNo.7で爆破せよ」と命令する。北斗は「ウルトラ戦士を見棄てられない」と反対するが聞き入れられない。No.7は第1ロケット部に人間が入り誘導しなければならない。高倉はその役を北斗に強引に任命した。ミサイル発射。第1ロケットは故障で切り離せない。高倉は非情にも「そのまま突っ込め」と命令するが竜隊長は拒否、高倉を追い出す。

しかし、北斗は戻る気はなかった。そのとき本部にいた南はモニター越しに北斗と手を合わせた。Aがゴルゴダへ着くと、4兄弟の必殺技を奪い取ったエースキラーが待ち受けていた…。

復活して地球へ！

▲エースキラー撃破し、エースはすぐさま地球に帰還。バラバの首を切り落として倒す。

VS

バラバ

身長：75m　**体重**：8万5000t
特徴・得意技：頭部に遠隔操作可能の剣。角からはショック光線。左手に鎌、右手に鉄球が付いている。鉄球からはムチが伸びる。火炎を吐く。

KAIJU DATA

VS

エースキラー

身長：40m
体重：4万3000t
特徴・得意技：ヤプール人が作ったスーパーロボット。右手の武器、左手のフック状の爪が武器。ウルトラ兄弟から奪った必殺技を使える。

KAIJU DATA

ウルトラ雑記帳

ゴルゴダ星と超獣バラバのネーミング

キリストが磔にされた丘の名前がゴルゴダの丘。キリストの処刑の代わりに釈放された重犯罪者の名がバラバである。

ウルトラ雑記帳

七夕生まれの北斗星司と南夕子

ゴルゴダ星でエースキラーを倒した次の日は7月7日、北斗星司と南夕子の誕生日だ。この2人がTAC隊員となり、2人が合体することでAに変身する。しかし、2人の関係は一体どうなっているのだろうか。ただの隊員同士にはとても見えない。それをTACの連中は想像を巡らせているようだが、追究することはなく温かく見守っている。本作のラスト。2人は七夕飾りの前で夜空を見上げている。北斗が「1年に一度、あの天の川で牽牛（けんぎゅう）と織姫が出会うんだね」。南は「牽牛と織姫は恋人同士なの？　私たちは一体、何なのかしら…」。見ているこちらがヤキモキします…。

ウルトラマンA [第23話]

逆転！ゾフィ只今参上 〝異次元超人ヤプール登場〟

1972年9月8日放送／脚本：真船禎　監督：真船禎　特殊技術：高野宏一　ゲストキャスト：大木正司

光線対決！
単独で異次元に来ていた北斗はゾフィーが連れて来た南と会い変身。巨大ヤプールに苦戦するがストレート光線、メタリウム光線で勝つ。

世界中で子供の集団失踪事件発生。四次元を舞台に巨大ヤプールと最終決戦。

「ヤプール死すとも超獣死なず。怨念となって必ずや復讐せん！」（ヤプール）

あらすじ／　町中に不思議な老人が出没し「お前はお前を信じなさい、ホレ信じなさい」という不思議な歌を歌いながら終末を説法した。なぜか老人には子供たちが集まり付いて行く。北斗が海岸沿いをパトロール中、砂浜に集まった子供たちと老人が忽然と消える様子を目撃する。しかも、その後、砂浜に季節はずれの雪が降り出した。

当然、北斗の話を誰も信用しない。しかし、世界中で子供の集団失踪が相次いだ。竜隊長の甥も消えたため、ついにTACが乗り出した。ヤプールが四次元に子供たちを閉じ込めたのではないか。梶研究員はメビウスの輪理論から四次元へ行く装置を発明する。だが、装置は危険が伴うという。北斗が志願し四次元へ向かう。北斗1人ではエースになれないと心配する南。そのとき、ゾフィーが現れ南を四次元へ送る。四次元で無事エースに変身、そこには巨大ヤプールが待っていた。激しい死闘が続き、ついにヤプールは粉々になって消えた。だが「ヤプール死すとも超獣死なず。怨念となって必ずや復讐せん！」の声が木霊（こだま）した。やがて、さらわれていた子供たちは帰って来た。

▲子供たちを洗脳する辻説法の老人役・大木正司（詳細はP77へ）。

VS

巨大ヤプール

身長：50m　**体重**：8万2000t

特徴・得意技：全ヤプール人の意識の集合体。悪意と怨念に満ちた性質。鎌状になった右手から破壊光線のほか数種類の光線を発する。またバリヤーを張ったり念動力を使って攻撃する。

KAIJU DATA

物語の背景

終末論

ドイツの伝承譚『ハーメルンの笛吹き男』にも似た脚本を書いたのは監督の真船禎。「お前は神を信じなさい〜ホレ信じなさい」と辻説法する老人を出現させ、終末の恐怖を演出する。当時、終末論がささやかれており、筑摩書房から『終末から』という雑誌も発刊されていた。もっとも、同誌の内容は主に反体制を煽る記事が大半であった。

ウルトラ雑記帳

学生節

老人の歌は、なんとハナ肇とクレージーキャッツの1962年『学生節』が基になっている。「一言文句を言う前に　あんたの息子を信じなさい　ホレ信じなさい」を変えて歌っている。作詞は西島大で作曲は山本直純。

ウルトラ雑記帳

ヤプール死すとも超獣死なず

もちろん、明治の自由民権運動主導者・板垣退助の言葉からいただいている。明治15年4月、暴漢に刺された板垣が発したと言われているのが「板垣死すとも自由は死せず」。片や地球侵略を狙うヤプールが、まさか、日本の自由を守ろうとした偉人のフレーズを応用するなんて。日本征服のために、日本史を猛勉強したのだろうか。

ウルトラマンA［ 第26話 ］

全滅！ウルトラ5兄弟

〝地獄星人ヒッポリト登場〟

ウルトラマンA［ 第27話 ］

奇跡！ウルトラの父

〝ウルトラの父　ウルトラ5兄弟　ヒッポリト星人登場〟

1972年9月29日（26話）、10月6日（27話）放送／脚本：田口成光　監督：筧正典　特殊技術：川北紘一　ゲストキャスト：小早川純、西脇政敏、中山克巳

全滅！
動きが止まった5兄弟をウルトラの父が救う。だが、父はヒッポリトに負ける。倒れる寸前、カラータイマーをAに照射。Aは復活、ヒッポリトを撃破する。

エースが死んだ。ウルトラ兄弟全員が死んだ…。地球は誰が救う!?

「もしかしたら、私たち、もうAになれないのかも」（南夕子）
「バカ！　じゃ、いったい誰が地球のピンチを救うんだ！」（北斗星司）

あらすじ／　東京。ヒッポリト星人が出現。「エースを引き渡さなければ街を全滅させる」と迫った。TACが出動、北斗と南はAになろうとするが変身できない。「Aになってはいけない」という謎の声も聞こえた。

星人の犠牲となった運転手の家に弔問を兼ねて立ち寄った北斗はその家の子になじられ、「もう地球人はAを必要としないのか」と落胆。その頃TAC本部にも「早くAを宇宙人に渡せ」という市民の声が殺到。隊員たちは動揺するが、竜隊長は「星人の作戦にひっかかってどうする！」と激しい叱責を飛ばす。

TACは梶研究員が開発した細胞破壊ミサイルでヒッポリトを攻撃するが逆に返り討ちに遭う。この危機についに北斗と南は変身した。だが、ヒッポリトの罠にはまり、カプセルに閉じ込められ、噴霧されたタールで固まり動けなくなってしまう。そのとき、ウルトラ4兄弟が助けに舞い降りた。だが、その4人もカプセルに封印され、タールで動きが止まった。ウルトラ5兄弟は死んだ…。

この状況にTACは地球の存続を賭けて総攻撃に出る。しかし、星人は強い。たちまち炎の輪に囲まれ全滅寸前。そこへ、宇宙から緑の光が射した。ウルトラの父が救いにやって来たのだ。北斗と南に聞こえた謎の声はウルトラの父からの危険信号だったのだ。Aは、兄弟は、ウルトラの父の運命は…。

父、初めて地球に飛来！

VS

ヒッポリト星人

身長：50m　**体重**：6万3000t
特徴・得意技：頭部の三つの触覚からビーム光線。口から10万度の火炎と強風を放射する。腕から自動追尾ミサイル、腹部から散弾状の光線発射。ヒッポリトタールで敵を固め、ブロンズ化する。幻影投影が得意。

KAIJU DATA

ウルトラ雑記帳

一番怖いのは人間

献身的に何の見返りも要求せずに、ただ地球の平和のために活動してきたウルトラマンAに対して、いとも簡単に「星人に引き渡せ」と迫る市民の姿が描かれる。中にはAのソフビ人形（物語内でも市販されているようだ）を持つほどの子供までが「Aは父ちゃんを救ってくれなかった。星人に引き渡しちまえ！」なんて言う始末。人間は1人では大した力がないが、当然、結集すると大きなパワーになる。だけど、単なる集団になると、得てして負のパワーが増大する。怖いのは星人や超獣より人間なのかも。

クローズアップ・キャスト

準レギュラー 中山克巳（克己）

TACの梶研究員役の中山克巳は、ギリギリまでTAC隊員候補だったようだが、惜しくも選に漏れ、代わりに得た役が準レギュラーの梶研究員役だったという。多くのロケット、ミサイル、武器、果ては四次元移動装置までを開発。『サンダーバード』のブレイン的な役回り。しかも、男気があり勇敢、本作ではヒッポリトへの決死の作戦に「基地に1人だけ残るのは嫌です」と志願し、戦闘に加わる。もっと活躍させてほしかった。ほかに特撮系では『怪奇大作戦』の第6話「吸血地獄」、『ミラーマン』などがある。

ウルトラマンA［第35話］

ゾフィからの贈りもの

“夢幻超獣ドリームギラス登場”

1972年12月1日放送／脚本：久保田圭司　監督：古川卓己　特殊技術：高野宏一　ゲストキャスト：浅茅しのぶ、西脇政敏

少年が超獣を見たというのは嘘か真実《まこと》か？ Aの償《つぐな》いの戦いが始まる。

「弟よ、よく聞け。お前は過ちを犯した。信じるべきものを信じず、少年の心を深く傷つけたのだ。お前は償わねばならぬ」（ゾフィー）

あらすじ／　雪夫少年は超獣ドリームギラスに追われびしょ濡れになる夢を見る。朝、寝小便をしていた。布団の寝小便の形はなぜか超獣のように見えた。雪夫の級友はバカにしたが梅津ダンだけは別だった。夢の話を聞き、一本杉の立つ湖が本当にあることを雪夫に教える。雪夫はその湖に行く。ドリームギラスが湖から現れ2機の航空機を撃墜する。雪夫はTACの北斗に知らせるがレーダーは無反応、隊員たちは信じない。北斗は単独で湖に行き捜査するが超獣は出てこなかった。北斗は雪夫が以前、級友にそそのかされウソの超獣出現の報を入れた出来事と重ね、雪夫の行動を激しくなじる。その夜、ゾフィーが北斗に「お前は過ちを犯した。少年の心を傷つけた」と語りかけてきた。ハッとする北斗。

次の日。雪夫が湖畔に佇んでいた。北斗は「俺は君を信じる」と雪夫に伝える。そのとき、湖からドリームギラスが出現。北斗はAに変身。ドリームギラスはAを湖底に引きずり込む。Aは水中での戦いが苦手だ。再び、ゾフィーが現れ、ウルトラマジックレイを湖に投げた。マジックレイは水を蒸発させることができた。Aのパワー復活、ドリームギラスを倒した。Aはゾフィーからの贈りもので救われた。また、北斗も雪夫への償いを果したのだ。

ピンチ！
水中が苦手なAは湖に落とされ苦戦。窮地のAにゾフィーはウルトラマジックレイを投げる。すると水が蒸発。Aはドリームギラスを倒した。

物語の背景

オオカミ少年

「オオカミが来た！」と村中に触れ回る少年。怯える村人は避難するが、実はこれが真っ赤なウソ。何度も嘘をついた少年は、本当にオオカミが現れたとき誰も信じてくれなかった…というイソップ物語でも知られる有名なお話。本作の少年・雪夫は嘘つき呼ばわりされ、おまけに夜尿症と散々だが、もちろん、エースによって名誉を回復、級友に迎えられる。

クローズアップ・スタッフ

監督　古川卓己

石原慎太郎の芥川賞小説の映画化『太陽の季節』のメガホンを取った日活出身のベテラン監督。文芸作品で有名になったが、得意とするのは暗黒街を舞台としたアクション作品である。当時、日本の映画監督が香港映画に招かれ演出することがあったが、古川も戴高美という変名で2本のアクションを手がけている。

VS

ドリームギラス

身長：60m　**体重**：4万t
特徴・得意技：頭部の触角はレーダー。大きな耳は水中ソナー。口から高圧水流放射。また赤い毒液を吐く。水中戦が得意。普段は布団にできたオネショのシミになっている。

KAIJU DATA

ウルトラマンA [第38話]

復活！ウルトラの父 〝雪超獣スノーギラン登場〟

1972年12月22日放送／脚本：石堂淑朗　監督：山際永三　特殊技術：高野宏一　ゲストキャスト：玉川伊佐男、星光子、八代順子

苦戦！
フラッシュ光線、吹雪で倒れるA。サンタに姿を変えたウルトラの父のエネルギービームでA復活。メタリウム光線でスノーギランを倒す。

サンタ対伝説怪人。寒さに弱いAは吹雪攻撃に耐えられるのか!?

「この国に太古から住む八百万の神々を祀らずに異国の神を崇めて、クリスマスの、サンタクロースのと言っている奴らを踏み潰すのじゃ！」
（伝説怪人ナマハゲ）

あらすじ／　クリスマス。北斗と梅津姉弟はプレゼントをたくさん買い求め養護施設に向かった。そこでは、梅津香代子の友人ゆかりが子供たちの面倒を見ていた。

楽しいクリスマスパーティの最中、庭に置かれた雪ダルマが割れる。中から出て来た超獣の目から発する光線でゆかりの目が見えなくなった。また、同様の事件が都内で発生、失明者が続出する。雪ダルマから出た超獣はスノーギランだった。操るのは伝説怪人ナマハゲ。ナマハゲは「日本の神を崇めずにクリスマスに興じる人間が許せない」のだ。北斗はAに変身。だが、スノーギランの吹雪攻撃に苦戦する。Aは寒さに弱いのだ。そのとき、養護施設に来ていたサンタクロースが巨大化しAたちの前に立った。「Aよ、くじけるな。立ち直って超獣を倒すのだ！」と励ます。Aは発奮しスノーギランを倒す。サンタは正体を現し、ナマハゲを倒した。ウルトラの父だった。

やがて、空からトナカイの引くソリが降りてきた。冥王星に行っていた南夕子が乗っている。南は七色の光線を放つと失明していた人々の目が開いた。ウルトラの父は南とソリに乗り宇宙へ帰って行った。

VS

スノーギラン

身長：49m
体重：2万7000t
特徴・得意技：頭部から見た者を失明させる閃光を放つ。全身と口から冷気を吐き吹雪を作る。怪人ナマハゲに操られている。

KAIJU DATA

ウルトラの父と南夕子が子供たちの前に現れた…。

◀玉川伊佐男演じるサンタクロース。詳細は↓コラムにて。

物語の背景

クリスマス

日本ではすっかり定着したクリスマスだが、「クリスチャンでもないのに」とか、商業主義が先行したムードを嫌悪する向きも多い。本作ではなぜかナマハゲ風怪人が日本の八百万の神様の不満を代弁するかのように大演説をぶちかます。とはいえ、ラストはサンタに化けたウルトラの父がナマハゲ風怪人をやっつけてしまう。うむむ、日本だから外国だからではなく、暴力する者は成敗されるというわけか。賛否ありそうな話ではある。

クローズアップ・キャスト

ゲスト女優 星光子

表向きは広島県福山市出身の南夕子だが、実はルナチクスに滅ぼされた月星人の末裔。第28話で宿敵ルナチクスを倒した後、月星人再興のために地球を去っていた。本作ではウルトラの父の要請で再来したのだろうか。

本名の堤光子から本シリーズ出演を機に改名。28話で途中降板という形になったのはあくまでも番組上の理由だったというが、本人の落胆は察するに余りある。現在では、その傷も癒え、懐かしい思い出の作品となっているようだ。

ゲスト俳優 玉川伊佐男

悪玉も善玉もできる名バイプレーヤー。1950年代から映画で活躍し、鈴木清順作品の常連で『肉体の門』『春婦伝』『東京流れ者』『けんかえれじい』『殺しの烙印』『ツィゴイネルワイゼン』『陽炎座』に出演している。『けんかえれじい』では会津の教師役で「男はおとごらすぐ」と訛り、大いに笑わせてくれる。特撮系では宣弘社『スーパーロボットレッドバロン』でコメディリリーフ的な警部役を楽しそうに演じていた。

ゲスト女優 八代順子

1960年代後期の大映映画、特に色っぽい作品に多数出演した。『ある女子高生医の記録』シリーズや同期の渥美マリ主演『続・いそぎんちゃく』『でんきくらげ』などで奔放な女子高生役。また『女組長』『高校生番長 棒立てあそび』などスケバン役も。しかしながらデビュー作は『ガメラ対宇宙怪獣バイラス』で『ガメラ対大魔獣ジャイガー』にも出演している。特撮ファンにお色気は不可欠なのである。

ウルトラマンA［ 第39話 ］

セブンの命！エースの命！ 〝火炎怪獣ファイヤーモンス　宇宙人ファイヤー星人登場〟

1972年12月29日放送／脚本：田口成光　監督：山際永三　特殊技術：高野宏一　ゲストキャスト：片岡五郎

炎の剣を胸に突き立てられたAは命を失った。そのときセブンが…。

大ピンチ！
ファイヤーモンスはTACのシルバーシャークで爆死。蘇生したAは炎の剣を奪い、巨大ファイヤー星人の胸に突き刺した。

「ウルトラの若い命はお前のものだ。こんなことで燃え尽きてはならん」（ウルトラセブン）

あらすじ／　逆立ちができないダンは友人らにからかわれていたが、北斗は励ます。ダンと姉・香代子には身寄りがいないが、外国にいたという叔父の三郎がプレゼント持参でアパートにやって来た。そのころ、TACが開発した対超獣用兵器シルバーシャークの完成が迫っていた。完成前に攻撃されないように研究所を警備するが、激しい銃撃を受ける。応戦する北斗に何者かが足を撃たれ森に逃げ込む。現場に落ちていた腕輪は、三郎が身に着けていたものだ。北斗の心に疑念が湧く。翌朝、ダン姉弟のアパートを張り込んでいた北斗は三郎と遭遇。三郎は足を引きずっていた。三郎を詰問する北斗。逃げ出す三郎。追う北斗。三郎は恐ろしい形相になり超獣ファイヤーモンスを呼び出した。北斗もAに変身。ファイヤーモンスは三郎から与えられた炎の剣でAの胸を突き刺す。Aは倒れた。Aが負けたのだ。Aの前にウルトラセブンが現れた。「弟よ、お前には地球でたくさんやらねばならぬことがある。命の炎を燃やすのだ」と蘇生させる。

　息を吹き返した北斗は再びAに変身。TACは完成したばかりのシルバーシャークを発射、ファイヤーモンスは倒された。三郎は巨大化しファイヤー星人になった。Aは相手の炎の剣を奪い、逆襲し勝利する。すべてが終わった後、Aは逆立ちを披露する。もちろん、ダンも逆立ちに成功するのだった。

ファイヤーモンス

身長：64m　**体重**：4万1000t
特徴・得意技：ファイヤー星人に操られている。口から1万℃の火炎を放射する。ファイヤー星人から与えられる炎の剣を武器として戦う。

KAIJU DATA

ファイヤー星人

身長：1.7～51m
体重：60kg～2万9000t
特徴・得意技：好戦的な性格。両足脇からマグマを噴射する。剣術が巧みで炎の剣を武器とする。ファイヤーモンスを召喚できる。人間に変身する能力がある。

KAIJU DATA

クローズアップ・スタッフ

監督 山際永三

　新東宝で内田吐夢監督、石井輝男監督らに師事した。その後、国際放映の専属として多くのテレビドラマを監督する。『チャコちゃん』、渥美清ら出演の『泣いてたまるか』、九重佑三子の『コメットさん』など。脚本の市川森一、TBSプロデューサーの橋本洋二、そして永三で〝一二三トリオ〟と呼ばれたこともあったという。映画評論でも有名で黒澤明や小津安二郎を鋭く批判もしている。死刑反対など人権擁護運動家の顔も持っている。

クローズアップ・キャスト

ゲスト俳優 片岡五郎

　やさしいオジさん梅津三郎から一転、長髪になり隈取りをしたような恐ろしい顔のファイヤー星人になる。初期では日テレ『青春とはなんだ』『これが青春だ』『でっかい青春』などに出演。その後、強面の顔を活かし、悪役を中心に多数の作品に登場している。

人間として生きる

ウルトラマンの暮らし①

人間の姿のウルトラマンは、市井の人として一般社会の一員として生活していた。
「帰ってきたウルトラマン」以降、そうした主人公の日常部分を描くことが増え、
取り巻く人間関係が話の流れに大きく絡んでくる。
ここでは、そんな人間態ウルトラマンの周りにいる人々を紹介していこう。

帰ってきたウルトラマン ……… 郷秀樹と生活する人たち

坂田アキ
(榊原るみ)
坂田健
(岸田森)
坂田次郎
(川口英樹)

坂田家の人々（第1～37話）

郷秀樹がレーサーを目指しながら働いていたのが坂田自動車修理工場。同工場を営むのが坂田健、その妹・アキと弟・次郎。元レーサーの健は事故で足が不自由になり杖を突く。アキは衣料品店勤務で郷秀樹とは恋人同士。末っ子の次郎は11歳で郷を兄のように慕う。しかし、郷を家族のように愛してくれた坂田家に突然の悲劇が…。

郷秀樹
(団次郎[現・時朗])
村野ルミ子
(岩崎和子)
坂田次郎
(川口英樹)

ルミ子と次郎（第38～51話）

坂田健とアキ亡き後、郷は坂田家の末っ子・次郎と共に暮らすようになる。郷は同じマンションの隣の部屋に住む女子大生・村野ルミ子と交流を持つようになり、次郎もまたルミ子を姉のように慕い始める。姉弟のように仲良くなった次郎とルミ子は冬登山へ出かけ、宇宙人に遭遇したりする。

ウルトラマンA ……… 北斗星司と生活する人たち

梅津ダン
(梅津昭典)

梅津姉弟（第29～43話）

北斗星司の変身パートナーである南夕子が月に帰った後の心を和ませる存在となったのが梅津香代子、ダン姉弟の存在である。ウルトラの星が見えたり、超獣出現の予感があるダン少年は自称「ウルトラ6番目の弟」。姉・香代子は北斗に淡い恋心を抱いているようではあるが実ることはなかった。

TAC
梅津香代子
(宮野リエ)
北斗星司
(高峰圭二)

ウルトラマンタロウ [第2話]

その時ウルトラの母は

ウルトラマンタロウ[第3話]

ウルトラの母はいつまでも

〝怪獣コスモリキッド　ライブキング登場〟

1973年4月13日(2話)、4月20日(3話)放送／脚本:田口成光　監督:山際永三　特殊技術:山本正孝　ゲストキャスト:寺内大吉、ペギー葉山(3話)

激闘
ライブキングの下敷きになった光太郎をウルトラの母が救う。左腕もマザー光線で完治。タロウの反撃。膝蹴り、投げ飛ばしで勝利。

母よあなたは強かった。液体怪獣に笑う大食い怪獣出現!

「あなたの傷は、自分の限界を超えようとする努力の結果受けた傷です。そういう傷はすぐ治ってしまいますよ。いいこと、光太郎さん、やりかけたことは最後までおやりなさいよ」
(ウルトラの母)

あらすじ／　多摩川の源流がある山の中に怪獣が現れ、工事作業員全員が食べられた。調査に向かった光太郎は霧の中に怪獣を見て攻撃するが、その姿を見失ってしまう。その怪獣の姿を健一が多摩川で見たという。怪獣が川の流れに乗ってやってきたと推測したZATが川に放電、液体怪獣コスモリキッドが現れた。怪獣を追い上げるZAT。光太郎はタロウに変身した。コスモリキッドが地面の不思議な穴に足を突っ込んで動けなくなった隙に、タロウはブレスレットランサー攻撃。コスモリキッドは穴に吸い込まれた。

翌朝、光太郎と健一がロードワーク中、健一の飼っている犬のポチが河川敷の例の不思議な穴に落ち、助けようとした光太郎も落ちてしまった。穴は怪獣ライブキングの鼻の穴。落ちて腹の中に入ってしまう。光太郎を救うため、ZATはライブキングの腹に穴を開ける高圧パイプ作戦を実施。吹き出す緑の液体。しかし、光太郎が飛び出す前に、ライブキングがパイプを取り外してしまう。この液はコスモリキッドに変化した。激突するライブキングとコスモリキッド。朝日奈隊長はコショウを散布、ライブキングはクシャミをし、光太郎とポチは鼻から飛び出た。ZATは反撃を開始。光太郎はタロウに変身、ウルトラフリーザーで2体の怪獣を凍らせ、そこをZATが攻撃してコスモリキッドを粉砕。ライブキングもタロウが倒した。が、光太郎は左腕を損傷し倒れた。その時、ウルトラの母の声が聞こえ、励まされる。

ライブキングは生きていた。ZATは好物の鶏と豚を囮にし、録音していたライブキングの笑い声を流し、仲間がいると思わせおびき寄せる作戦。まんまとライブキング登場。光太郎は崖から落ちてライブキングの下敷き。息子の危機にウルトラの母が飛来した…。

VS

コスモリキッド

身長:58m　**体重**:6万t
特徴・得意技:口から伸びる長い舌を搦めて食べ物を捕獲する。全身を液化する能力があり、水と同化して移動したり再生したりする。

KAIJU DATA

VS

ライブキング

身長:47m　**体重**:6万5000t
特徴・得意技:地中に潜り鼻の穴だけを地上に出し、獲物を捕らえる。人間のような笑い声。全身バラバラにされても再生できる。口から火炎放射。

KAIJU DATA

クローズアップ・キャスト

ゲスト俳優 寺内大吉

主人公・東光太郎はボクシングが得意でジムに通っている。そのジムで光太郎に「チャンピオンは一日にしてならず。まあ頑張りなさいよ。ボクシングは人生と同じなんだ。君を楽しみにしているよ」と話しかけるのは僧侶で直木賞作家、スポーツ評論でおなじみだった寺内大吉。映画化もされた『すぷりんたあ』(映画『セックスチェック 第二の性』)、『競輪上人随聞記』(映画『競輪上人行状記』)などで知られている。

レギュラー あさかまゆみ

白鳥さおり役として第16話まで出演した。その後、アイドル歌手として活動するようになり、芸名も朝加真由美に改名した。歌手としては残念ながら鳴かず飛ばず。1970年代後半からは俳優業が中心で、現在もお母さん役などで活躍している。

ULTRA FAMILY
ウルトラの星の仲間たち

本誌に登場するウルトラマンとその仲間たちのプロフィールをここで紹介していこう。

1966.7 - 1975.3 ウルトラファミリー紹介

ウルトラの父
身長：45m　体重：5万t

宇宙警備隊の大隊長で最高司令官。ウルトラ戦士から実の父親のように慕われている。ウルトラの母との間に実子タロウがいる。本名はウルトラマンケン。

ウルトラマン
身長：40m　体重：3万5000t

地球人と初めて接触した記念すべきウルトラヒーローがウルトラマンだ。M78星雲出身。人間名はハヤタ・シン。ウルトラ兄弟の２番目にあたる。

ウルトラマンA
身長：40m　体重：4万5000t

ウルトラ兄弟の５番目。人間名は北斗星司に南夕子。２人のウルトラリングを合わせ変身した。その後、南は故郷の月へ帰ったため北斗が単独で変身した。

ウルトラの母
身長：40m　体重：3万2000t

宇宙医療活動部隊「銀十字軍」の隊長で「ウルトラクリニック78」の責任者。ウルトラ戦士から実の母のように慕われる。夫はウルトラの父、息子はタロウ。

ウルトラセブン
身長：40m　体重：3万5000t

出身はM78星雲。ウルトラ兄弟の３番目で人間名はモロボシ・ダン。カラータイマーの制限がないので長い時間でも戦える。ただし、寒さには弱い。

ウルトラマンタロウ
身長：53m　体重：5万5000t

ウルトラ兄弟の６番目。〝ウルトラ兄弟〟とはいわば義兄弟的関係だが、タロウはウルトラの父と母の実子。強さに優しさも備える。人間名は東光太郎。

ゾフィー
身長：45m　体重：4万5000t

宇宙警備隊隊長にしてウルトラ兄弟のリーダー格。。血気盛んな兄弟をいさめる冷静さを持つ。人間名はないがタロウを助けるため大谷博士に変身したことがある。

ウルトラマンジャック
身長：40m　体重：3万5000t

人間名は郷秀樹。変身アイテムを備えておらず、人間としてギリギリ限界まで努力した末に変身できる。その後、自分の意思で変身できるようになる。ウルトラ兄弟の4番目。

ウルトラマンレオ
身長：52m　体重：4万8000t

故郷の獅子座L77星をマグマ星人に滅ぼされ地球へ飛来、人間おおとりゲンとして生きる。格闘技に優れ、レオキックが得意。双子の弟アストラがいる。

ウルトラマンキング
身長：58m　体重：5万6000t

ウルトラの星の伝説の超人。ウルトラ戦士からは〝神〟のような存在として尊敬を集めている。プレッシャー、ババルウ星人、ブニョの脅威にさらされたレオを救った。

アストラ
身長：50m　体重：4万9000t

レオの弟。L77星を滅ぼしたマグマ星人に囚われレオと離れ離れ。後にレオと再会、たびたび兄のピンチを救う。だが、普段はどこにいるのか不明、謎が多い。

ウルトラマンタロウ［ 第17話 ］**2大怪獣タロウに迫る!** ＊食葉怪獣ケムジラ　火山怪鳥バードン登場。

ウルトラマンタロウ［ 第18話 ］**ゾフィが死んだ! タロウも死んだ!** ＊ゾフィ　食葉怪獣ケムジラ　火山怪鳥バードン登場。

ウルトラマンタロウ［ 第19話 ］**ウルトラの母 愛の奇跡!** ＊ゾフィ　食葉怪獣ケムジラ　火山怪鳥バードン登場。

1973年7月27日（17話）、8月3日（18話）、8月10日（19話）放送／
脚本：田口成光　監督：深沢清澄　特殊技術：小林正夫　ゲストキャスト：金井由美、二瓶秀雄、ペギー葉山（19話）

ウルトラの星へ送り出すため、ウルトラフロストでタロウを冷却するゾフィー

タロウが死んだ。ゾフィーも死んだ。ウルトラの母の奇跡は!?

「僕らのタロウが負けるものか! みんなのタロウが死ぬものか!」（日本中の子供たち）

あらすじ／　大熊山で異常噴火が続発。光太郎と健一は、健一の友人・小林タケシの父の地震研究所を訪ねた。光太郎は小林家に地元で採れたスイカをお土産で持参した。そのスイカから大きな芋虫が現れ、タケシは芋虫の吐く毒糸で目が見えなくなる。芋虫は研究所の職員も襲い、タケシの父・彰も重傷を負う。芋虫はケムジラという怪獣だった。小林の妻は「あなたのせい」と光太郎を激しく批判する。芋虫はZATの攻撃を受けて巨大化、さらに繭を作り、成獣ケムジラになり暴れ出した。タロウが登場。だが、ケムジラは尻から臭い黄色いガスを放出、毒糸はタロウの体に巻きつく。そこへ大熊山の噴火で生まれた怪鳥バードンも出現。ヨロヨロと出て来たタケシをタロウは片手でかばう。その隙を狙い、バードンはクチバシでタロウの背中を何度も突き刺し、ケムジラも簡単に食い殺してしまった。

　タロウが死んだ…。タロウの死に子供たちは「僕らのタロウが死ぬものか」と悲しむ。その声が届いたのかゾフィーが飛来、タロウを連れて宇宙に帰って行った。

　バードンは小林親子が入院している病院の近くに迫る。ZATはトリモチ作戦にうって出るが失敗。なおも暴れ出そうとするバードン。それを阻んだのはゾフィーだ。しかし、ゾフィーもまたバードンのクチバシ攻撃に倒れた。

　タロウもゾフィーもいない。バードンは暴れ回り家畜を食い殺した。ZATは家畜を屋内に収容、市場で肉を売らない作戦を取った。だが、バードンは遂に人間を襲い始める。そこへ、タロウが帰ってきた。タロウはウルトラの母の力で蘇生したのだ。ZATは大熊山の谷にあったバードンの卵を粉砕。怒ったバードンにタロウが立ち向かう。タロウはバードンを上空に誘い出し、火口に転落させた。タロウと母はゾフィーを抱き上げ宇宙に去った。

母の愛！

傷つき倒れたゾフィーをタロウと母が救出する。

復活！

バードンの孵化寸前の卵はZATガンで破壊された。怒り狂ったバードンを蘇生したタロウが分身作戦で翻弄し、火口に落とした。

VS

ケムジラ

身長：3.4㎝～47m
体重：20g～2万2000t
特徴・得意技：（幼虫）スイカなど甘い果実を好む。口から白い糸を吐く。人間の目を失明させる程の毒性がある。（成獣）口から白い毒糸を吐き攻撃する。尻から強烈な臭いのガスを放出する。

KAIJU DATA

VS

バードン

身長：62m
体重：3万3000t
特徴・得意技：肉食獣。口から高熱の火炎を放射する。鋭いくちばしと手の爪で攻撃。翼を羽ばたいて強風を起こす。高速で飛ぶことができる。

KAIJU DATA

クローズアップ・キャスト

レギュラー 木村豊幸

ZATの南原忠男隊員を演ずる。九州は宮崎出身で明るい性格。射撃の腕はZATで一番優れているという役を演じている。青春学園ドラマの走り『青春とはなんだ』（夏木陽介主演）の高校生役でおなじみ。やはり高校生役の矢野間啓治とのデコボココンビぶりがチビッ子に大人気であった。その後、『これが青春だ』（竜雷太主演）『でっかい青春』（竜雷太主演）『進め！ 青春』（浜畑賢吉主演）など、脇役ではあるが長きにわたって同シリーズに出演した。

準レギュラー ペギー葉山

東光太郎の母として写真に登場。また、その母にそっくりな緑のおばさん。このおばさんは人間態となったウルトラの母であるようだ。そして、ウルトラの母の声もアテている。1950年代初期は日本のジャズ・ポピュラーの分野で活躍、第5回紅白歌合戦に出場した。59年、歌謡曲『南国土佐を後にして』が爆発的ヒット、トップスターになった。『ドレミの歌』の日本語詞はペギー自身によるもの。ペギーの夫・根上淳は『帰ってきたウルトラマン』の伊吹隊長役を演じたが、その第43話ではドライブ中の伊吹がラジオから流れるペギーの『南国土佐を後にして』をご機嫌で聞くという楽屋落ちが用意されている。

クローズアップ・キャラ

タケシの母・ゆき

大熊山地震研究所の小林彰の妻でタケシの母。東がお土産で持ってきたスイカから出たケムジラでタケシは失明、夫は重症という散々な目に遭う。それだけに光太郎とZATへの風当たりは厳しい。タロウの死にタケシが悲しんでも「みんなZATがだらしないからよ」と冷たく言い切る。さらに、お見舞いに訪れた光太郎に「帰って下さい。二度とここへ来ないで。あなたが来れば怪獣が現れる！」と罵声を浴びせる（まあ、その指摘は間違っていないのだが）。3話にまたがって、キツイ言葉を言い続けるために妙に印象に残ってしまうキャラクターである。演じた金井由美は1960年代後半から東映映画などに何本か出演しているようだ。

ウルトラマンタロウ［ 第33話 ］

ウルトラの国 大爆発5秒前！

ウルトラマンタロウ［ 第34話 ］

ウルトラ6兄弟 最後の日！

〝宿敵！テンペラー星人　ウルトラ5兄弟登場〟

1973年11月16日（33話）、11月23日（34話）放送／脚本：佐々木守　監督：真船禎　特殊技術：山本正孝　ゲストキャスト：竜崎勝、黒部進、高峰圭二、森次晃嗣、団次郎（現・団時朗）

試練！

テンペラー星人はウルトラ兄弟必殺光線で兄弟を攻撃、優位に立つ。対するセブンとジャックのダブル光線も効かない。最後はタロウのネオストリウム光線で粉砕される。

窮地のタロウを助けない兄弟たち。タロウ、独り立ちさせよ！

「どんなことがあってもタロウを助けない」（ウルトラセブン）

「今こそ俺たちはライオンの気持ちでタロウを苦難に立ち向かわせるのだ」（ゾフィー）

あらすじ／　ウルトラの国から4人の兄がタロウに会いに来た。海岸でハヤタ、モロボシ、郷、北斗になり光太郎とバーベキュー。遅れて来たゾフィーが「東京にテンペラー星人が出た」と知らせた。全員で東京へ向かえば街の被害が甚大になる。タロウがテンペラーをおびき寄せる作戦。だが、作戦は見抜かれ失敗。タロウは兄たちと戦いたいが、「ひとりで戦え、頼るな」と拒否される。ZATのホエールがテンペラーに撃墜。ゾフィーに救われた荒垣副隊長、大谷博士ら5人に兄弟は乗り移り、タロウを見守る。タロウは苦戦。「兄さん、助けて」と呼ぶが兄弟は「タロウの独り立ち」のために助けない。タロウは2回敗退。もはやこれまでと5兄弟はタロウに加勢。タロウもテンペラーを粉砕した。兄弟たちはタロウを褒める。ところが、タロウは兄たちの助けも忘れ、有頂天。あげくに光太郎はZAT内でも勝手に行動する始末。

テンペラーは生きていた。白鳥さおりを操り、油断した光太郎を拘束した。タロウを人質に兄弟を呼び出す荒垣らは、正体を現す。「兄さんたちだったのか」と驚く光太郎。一番大切なのはチームワークだ、と悟ったタロウはテンペラーに立ち向かう…。

▲ハヤタ、モロボシ、郷、北斗、光太郎…。歴代の勇者が集結。

▲宿敵のテンペラー星人と対峙するウルトラ6兄弟。

時代背景

バレーボール

本作では6兄弟のチームワークを6人制バレーボールに喩えて説明している。バレーボールは1964年の東京オリンピックで東洋の魔女と言われた女子チームが金メダルを獲得して以来、日本では人気が高い。しかし、男子バレーは東京大会で銅を獲ったにも関わらず注目を浴びなかった。その後、メキシコ大会で銀、72年のミュンヘン大会では金メダルに輝き、ようやく男子バレーにスポットが当たったのだ。本作でも男子バレーチームが登場している。

クローズアップ・キャスト

ゲスト俳優 竜崎勝

大谷博士役で出演。大谷にはゾフィーが乗り移る。そのための配役だったようだ。第5期日活ニューフェイス。1961年、日活『暗黒街の静かな男』でデビュー。当初は本名の高島史旭を名乗っていたが、その後、竜崎勝と改めた。2枚目というよりはごつい風貌なのでヤクザの用心棒侍、ギャングなどといった役どころが多かった。1984年、44歳という若さで亡くなった。長女はアヤパンこと元フジテレビアナの高島彩。

VS

テンペラー星人

身長：2～52m
体重：120kg～3万5000t
特徴・得意技：ハサミ状の手から破壊光線、高熱火炎を放射。首から伸びた管から毒ガスを発する。身体の縮小化、巨大化が可能。憑依能力。ウルトラ兄弟必殺光線、ビームロッドなど武器が多彩。

KAIJU DATA

ウルトラマンタロウ ［ 第40話 ］

ウルトラ兄弟を超えてゆけ！

1974年1月4日放送／脚本：田口成光　監督：山際永三
特殊技術：山本正孝　ゲストキャスト：樋浦修臣

＊ウルトラの父 ウルトラの母 ウルトラ5兄弟 冷血宇宙怪獣ベムラー 宇宙忍者バルタン 有翼怪獣チャンドラー どくろ怪獣レッドキング マグマ怪獣マグラー 珍獣ピグモン 悪質宇宙人メフィラス 亡霊恐竜シーボーズ 宇宙恐竜ゼットン 電撃怪獣エレキング 侵略宇宙人メトロン 宇宙鳥人アイロス 宇宙ロボット・キングジョー 星獣ギエロン 恐竜戦車 分身宇宙人ガッツ 地底怪獣キングザウルス3世 肉食大怪獣グドン 古代怪獣ツインテール 龍巻怪獣シーモンス 津波怪獣シーゴラス 宇宙大怪獣ベムスター マンション怪獣キングストロン 囮怪獣プルーマ 戦略宇宙人ナックル 用心棒怪獣ブラックキング ミサイル超獣ベロクロン 古代超獣カメレキング 変身超獣ブロッケン 毒蛾超獣ドラゴリー 殺し屋超獣バラバ 異次元超人エースキラー 投影超獣人ヒッポリト 元凶異次元人ヤプール 暴君怪獣タイラント 35大怪獣宇宙人登場。

大決戦！
タイラントの鞭をブルーレーザーで切断。鞭をウルトラランスに変えてタイラントに投げ、突き刺す。タイラントは大爆発した。

正月気分も吹っ飛ぶ一大事。ウルトラ5兄弟が暴君怪獣に敗れた！

「今度は僕が勇気を出す番だ。僕が戻って来るまで必ず自転車に乗れるようになっていてくれよ！」（東光太郎）

あらすじ／　海王星で生まれた暴君怪獣タイラントが地球を襲うために飛び出そうとしたとき、ゾフィーに発見される。だが、ゾフィーは逆に倒された。

正月で休暇中の光太郎は河原で自転車の練習をするタケシを見かけ練習を手伝う。

天王星ではタイラントがウルトラマンを倒し、土星でウルトラセブンをも簡単に倒した。セブンはウルトラサインを送る。ZATは信号を傍受、光太郎に知らせるが気付かない。空にもサインが出るが自転車を教えていたために見逃す。

木星ではタイラントはジャックと戦う。スペシウム光線もタイラントには通用しなかった。地球に一番近い火星でAはタイラントにメタリウム光線を発射するが、タイラントは無傷、逆に火炎攻撃でエースは倒れる。さおりと健一が光太郎にZATからの緊急連絡を知らせる。光太郎が空を見上げるとウルトラサインがあった。

タイラントが地球に飛来。ウルトラ5兄弟を倒した最強怪獣の前にタロウが立ちはだかる。タイラントの鞭をブルーレーザーで切断。光の矢に変えてタイラントに投げつける。光の矢が突き刺さり大爆発、タイラントの脅威は去った。一方、タケシは健一の指導で自転車に乗れるようになっていた。

VS

タイラント

身長：62m　**体重**：5万7000t
特徴・得意技：過去にウルトラ兄弟によって倒された怪獣たち7体の優れた部分を集めた合体怪獣。全身武器といってもいい。

KAIJU DATA

兄が次々と敗北！

クローズアップ・キャスト

レギュラー 小野恵子

あさかまゆみに代わって2代目・白鳥さおりを演じた。時代性もあるが、常にミニスカという服装は特撮番組に花を添え、実に素晴らしい。妙な色気はあさか以上で隠れファンが多かったはず。吉沢京子主演の映画『バツグン女子高校生 16才は感じちゃう』『同 そっとしといて16才』で高校生役。特撮系では『悪魔くん』第25話にも。

人間として生きる

ウルトラマンの暮らし②

人間の姿のウルトラマンは、市井の人として一般社会の一員として生活していた。
ここでは「ウルトラマンタロウ」以降の、
主人公・人間態ウルトラマンの周りで暮らす人々を紹介していこう。

ウルトラマンT タロウ ……… 東光太郎と生活する人たち

(第20〜53話) 白鳥さおり
(小野恵子)
白鳥健一
(斎藤信也)

(第1〜16話) 白鳥さおり
(あさかまゆみ)
東光太郎
(篠田三郎)

白鳥姉弟(第1〜最終話)

東光太郎が日本に帰国する際に乗せてもらったタンカー「日日丸」船長・白鳥潔の子供が白鳥さおり、健一姉妹。長女・さおりは女子大生。光太郎が花や景色に「きれいだ」と言うと、自分が言われたと勘違いして赤くなる。健一は小学5年生。父・潔が死亡すると荒むが光太郎の励ましで立ち直る。

ウルトラマンレオ ……… おおとりゲンと生活する人たち

梅田トオル
(新井つねひろ)
美山咲子
(春川ますみ)
美山いずみ
(奈良富士子)
おおとりゲン
(真夏竜)
美山あゆみ
(杉田かおる)

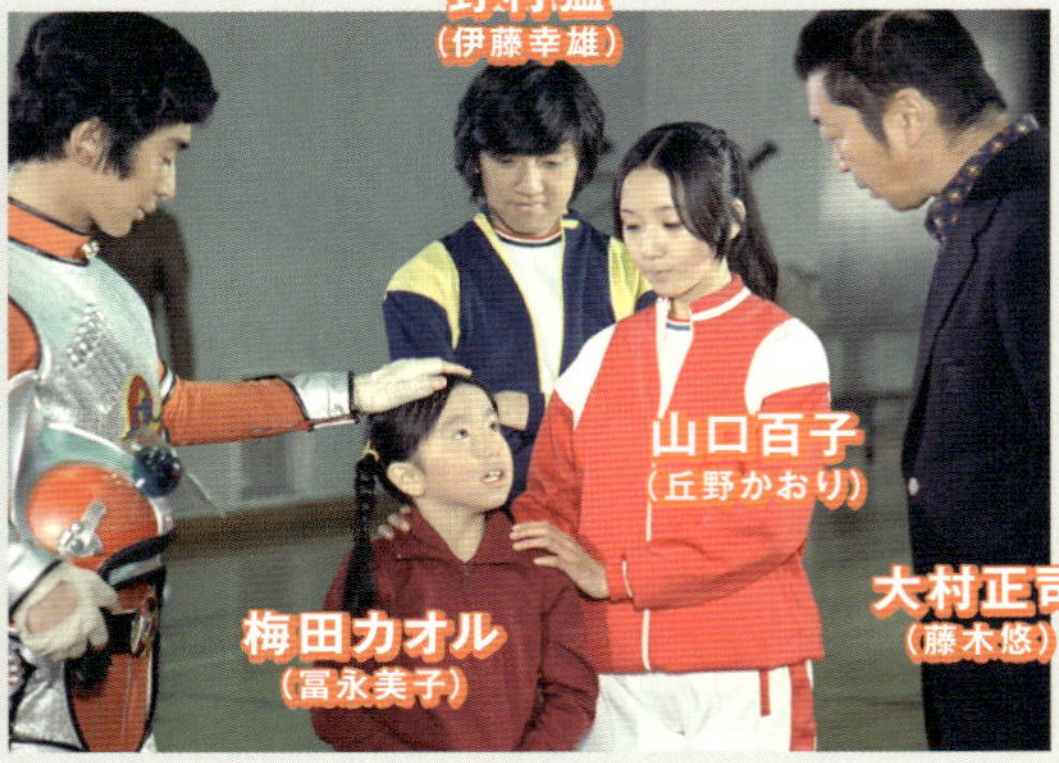

野村猛
(伊藤幸雄)
山口百子
(丘野かおり)
大村正司
(藤木悠)
梅田カオル
(富永美子)

美山家の人々(第40〜51話)

MAC全滅、百子、カオルも死んでしまい、残されたゲンとトオルは美山家で暮らすことになる。美山家は看護婦長をしている咲子が家長。長女は女子大生のいずみ。ゲンに思いがあるが、レオを批判する一面も持っている。二女は小学生のあゆみ。少々生意気な面があるが、ゲンやトオルに優しいところも見せる。

城南スポーツセンターの人々(第1〜40話)

スポーツセンターで補助指導員をしている山口百子はゲンの恋人。百子は両親を亡くした梅田トオルとカオル兄妹を家に迎え、姉のような母のような存在となる。センターの責任者の大村は頼りない臆病オジサンだが、憎めない存在。やはり補助指導員の野村猛は「将来はMAC入隊」を目指すが果たせない。

ウルトラマンレオ ［ 第22話 ］

レオ兄弟対怪獣兄弟

〝レオの弟アストラ 兄怪獣ガロン 弟怪獣リットル登場〟

1974年9月6日放送／脚本：田口成光　監督：深沢清澄　特撮監督：高野宏一　ゲストキャスト：藤木悠、遠藤義徳

コンビプレー！

ガロンとリットルに苦戦するレオ。火球が飛来。レオの双子アストラだった。2人は息の合ったウルトラダブルフラッシャーで兄弟怪獣を倒す。

兄弟怪獣に双子のレオとアストラが挑む。壮絶なる兄弟対決！

「私はMACの隊長としてはレオなどに頼りたくはない。だが、同じ宇宙人としては、お前だけを信頼しているんだ」（モロボシ・ダン）

あらすじ／　怪獣ガロンが出現、工場地帯を襲った。応戦したMACのマッキーは次々撃墜される。ゲンに変身を促すダン。だが、ゲンは瓦礫の下敷きになった少年の救助を優先した。少年は岡村あすか、重症だった。病院で兄の岡村れおは「両親も死んだ。これで、もし弟が死んだら僕は…」と泣き崩れる。ゲンはこの兄弟に自分の境遇を重ねていた。MACは死者3名、負傷者16名という壊滅的な被害。ダンはレオに変身しなかったゲンを叱りつける。

ガロンは暴れ続ける。ゲンはレオに変身して立ち向かう。そのとき、もう一体の怪獣が出現した。ガロンの弟・リットルだった。2体の怪獣に苦戦し左手を負傷するレオ。見かねたダンは必殺技のウルトラ念力を怪獣たちにかけた。空間は渦巻き、怪獣たちは苦しみ退却した。

ゲンはまた行方不明の弟アストラを思い出し辛くなった。ダンはそんなゲンを叱咤激励する。兄弟怪獣が再び現れた。レオに変身するが、左手が使えずまともに戦えない。そのとき赤い光球が飛来。レオの弟アストラだった。レオ兄弟は力を合わせ兄弟怪獣と戦い倒す。再会を果たした兄弟だったが、アストラはまたどこかへ飛び去って行く。

VS

リットル

身長：58m　**体重：**3万7000t

特徴・得意技：首と尾の側面に2対ずつの角がある。両手がハサミになっている。口から火花状の光弾を放つ。地中移動能力。兄ガロンとテレパシーで繋がっている。

KAIJU DATA

VS

ガロン

身長：63m　**体重：**4万2000t

特徴・得意技：頭部に赤い角がある。口から火花状の光弾、ロケット弾を放つ。地中移動能力。弟リットルとテレパシーで繋がっている。

KAIJU DATA

クローズアップ・キャスト

準レギュラー　藤木悠

ゲンがMACの傍らスポーツ指導員をしている城南スポーツセンターの責任者・大村正司役。一見、頼りないが実は正義感があり、剣道の達人であったりする役どころを、飄々と演じている。東宝第6期ニューフェース出身。特撮系では東宝映画『キングコング対ゴジラ』『モスラ対ゴジラ』など。同『サラリーマンシリーズ』には欠かせない人材。そのほか『若大将シリーズ』『クレージーキャッツシリーズ』でもおなじみ。日テレの『青春とはなんだ』『これが青春だ』での教師役も有名。

ウルトラマンレオ ［ 第26話 ］

日本名作民話シリーズ! ウルトラマンキング対魔法使い 一寸法師より

〝ウルトラマンキング 怪獣人プレッシャー登場〟

1974年10月4日放送／脚本：田口成光　監督：大木淳　特撮監督：東條昭平　ゲストキャスト：五月晴子、工藤智彰

万能杖から高熱火炎を発射するプレッシャー星人。ウルトラマントを変形させたレオアンブレラで応戦するレオ。

共闘！

伝説の超人ウルトラマンキングが現れ、キングハンマーを振るとミクロ化したレオが大きくなった。レオとキングは協力し星人を倒す。

レオが一寸法師のように小さくなった！ 伝説の戦士も初登場！

「我々の仕事がどんなに大変で命がけなものか、よく理解してくれる人もいればその反対に全く理解しない、いや、理解しようとさえしない人々もいる。宇宙人であるお前がそんな問題に心を惑わされるのも不思議な話だが。お前も段々人間らしくなってきたのかな」

（モロボシ・ダン）

あらすじ／　ゲンはスポーツクラブを辞めさせるという哲夫の母親を説得していた。母は「習字を習わせる」と連れ帰った。家で習字の練習をしている哲夫、そこへ怪獣人プレッシャーが侵入した。プレッシャーは家の中を破壊、母子を宙吊りにした。ゲンとMACが到着するとプレッシャーは逃げてしまう。母親は「MACが私たちを助けるのは仕事なんざんす」と礼も言わない。

苛立つゲンにダンは「そんなことで悩むとは人間らしくなった」と宥める。巨大化したプレッシャーは街を破壊した。出動するMAC。プレッシャーはマッキーを空中に静止させ、地上へ落とした。レオが登場したがプレッシャーの光線を浴び、ミクロ化。風船に閉じ込められ、空へ飛ばされてしまう。

風船は割れ、レオは川の中に落ち、流れてきた椀を船代わりにして川を渡った。

そのころ、哲夫は「勉強、勉強」と母親に説教されていた。再びプレッシャーが母子に迫る。レオが立ち向かうが蜂のようなパワーしかない。ダンは仕込み銃でレオを援護するが効果なし。逆にプレッシャーに追い詰められる。その時、閃光。伝説の超人ウルトラマンキングが現れた。キングがキングハンマーを振ると、レオは元の大きさに戻る。レオの反撃が始まった…。

VS

プレッシャー

身長：1.95 ～ 47m
体重：80kg ～2万9000t
特徴・得意技：自称・宇宙の魔法使い。念力で物体を止め、瞬間移動ができる。万能杖は相手を小さくしてしまう縮小光線や高熱火炎を発射する。

KAIJU DATA

クローズアップ・キャラ

ウルトラマンキング

ウルトラの星の伝説の超人。ウルトラ兄弟を遥かにしのぐ能力の持ち主と言われる。本作で初めて姿を現した。全宇宙の平和を見守る神のような存在だという。

時代背景

教育ママ

本シリーズはスポ根（スポーツ根性もの）テイスト満載だが、本作ではさしずめ〝勉強根性〟がテーマといったところだろうか。哲夫の母親は「たった一日休んだだけで、目指す中学に入れなかった人もいるんですよ」と勉強を強要する。いわゆる、〝教育ママ（教育パパ）〟という言葉が流行したのもこの時代である。作家の佐藤優（56）は「私の親世代は本当に勉強をさせることに熱心だった。それは、自分たちが勉強をろくにできなかったから」と話している。戦争時代を体験した親世代が教育ママになったというわけだ。

ざんす言葉

哲夫の母はゲンに助けられても「MACがあたしたちを助けるのは仕事なんざんすから」と礼の1つも言うことはない。気になるのは「ざんす言葉」だが、本当に使っている人はいたのだろうか。いわゆる東京の山の手の御婦人たちを、それも気取った上から目線の人たちをカリカチュアするため、お芝居では盛んに使用される。もともとは「遊女言葉」の「ありんす」から派生したという節もある。今では『ドラえもん』のスネ夫の母親が「ざんす」の名手だが、その前は『おそ松くん』のイヤミの「おフランス仕込みざんす」なんてのもあった。もっと昔にはお笑い芸人のトニー谷が「さいざんす」を連発、一世を風靡した。

ウルトラマンレオ [第34話]

ウルトラ兄弟 永遠の誓い

〝二面凶悪怪獣アシュラン 怪獣ボール セブンガー 帰ってきたウルトラマン登場〟

1974年11月29日放送/脚本:阿井文瓶　監督:前田勲　特撮監督:大木淳　ゲストキャスト:団次郎(現・団時朗)

作戦成功!
皆既月食の闇に乗じる作戦を立てたジャックとレオ。合体技のクロスアタックが炸裂し、凶悪なアシュランも息絶えた。

セブンの頼もしい味方セブンガー登場!レオをジャックが援護!

「僕も行きます!」
(おおとりゲン)

「無理だ。レオとウルトラマンが協力しなければ奴を倒すことはできん」
(モロボシ・ダン)

あらすじ/ジャックは怪獣ボールをセブンに届けるために地球に向かっていた。その途中、怪獣アシュランに襲われる。ジャックはアシュランにマスクをはめられるが脱出する。

地球では海辺をパトロールするゲンと佐藤隊員が傷ついた男を発見する。男は異様なマスクしていて口が利けない。男は郷秀樹だ。郷はゲンに助けられるが、ボールを浜に落としてしまう。郷は城南スポーツセンターで百子に手当てを受ける。

アシュランが地球に到達、スポーツセンターに迫る。郷はバイクで海岸へ向かい、落としたボールを発見、ダンへ届ける。ダンがボールを投げるとセブンガーが現れる。セブンガーはアシュランと互角に戦ったが活動時間1分では倒せない。アシュランは一旦、退散。ゲンはダンと郷が兄弟であることを初めて知る。ダンはウルトラ念力で郷のマスクを外す。

その夜、アシュランはMAC東京支部を襲う。

ゲンはレオに変身しようとするが「お前じゃ勝てない」とダンに言われる。それでもレオに変身するが苦戦。郷はダンに「その体で戦えば死ぬ」と制止されるがジャックに変身。その夜は月食。セブンは月食の闇を利用するつもりだった…。

▲レオとともにアシュランを倒すセブンガー(右)。
(写真はイメージです)

VS

アシュラン

身長:55m　**体重**:3万t
特徴・得意技:身体両面が表になっている。腕脚は前後どちら方向にも曲がり、移動できる。前後二つの顔の口から高熱火炎を放射し、目から光線を照射。前後同時に攻撃できる。

KAIJU DATA

クローズアップ・キャスト

レギュラー 手塚茂夫(手塚しげお)

乱暴な口調ではあったりするが、人情家の部分もあるMAC隊員・佐藤大介役。『太陽にほえろ』でジーパン刑事(松田優作)の射殺犯役ばかりで語られることが多いが、オールドファンには堀江卓のマンガをテレビ化した1959年『矢車剣之助』の主人公・剣之助役が懐かしい。その後、3人組のコーラスユニット、スリーファンキーズの第3期メンバーとして、長沢純、高倉一志と共にアイドル的な人気を博した。ソロ歌手に転向もしたが、そちらでは成功していない。再び、俳優に戻り、特撮系では66年に『忍者部隊月光』の第3部「まぼろし同盟編」で準レギュラー流月役を務めた。72年には『ワイルド7』で八百役をカッコよく演じている。04年、大阪高槻市で癌のため死去、享年62だった。

クローズアップ・キャラ

セブンガー

ウルトラの星がモロボシ・ダンのために贈ったボールに収められているカプセル怪獣に似た存在。身長58m。体重3万3000t。普段は怪獣ボールの中に収納されている。モロボシ・ダンしか使えない。活動は1分間だけ。1回活動すると50時間経たないと動けない。

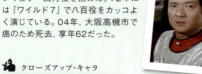

ウルトラマンレオ [第36話]

飛べ!レオ兄弟 宇宙基地を救え! 〝アストラ アトランタ星人登場〟

1974年12月13日放送/脚本:田口成光　監督:岡村精　特撮監督:吉村善之　ゲストキャスト:神田隆、五代勝也、大井小夜子

ピンチ!

星人はウランを積んだマッキーを手にMAC本部へ。レオはマントで星人の視界を塞ぎ阻止。アストラとウルトラダブルフラッシャーで撃破。

長官の娘の恋人は凶悪星人!それを知るのはゲンとダンだけだった。

「でも、それが人間を滅ぼすような凶悪な宇宙人だとしたら?」(おおとりゲン)
「私のことを愛してくれてるのなら、例え悪い宇宙人でも平気だわ」(山口百子)

あらすじ/　MACは強力なMACウランを使用することを決めた。ゲンは高倉長官同席のもと、ダンにMACウラン輸送役を任命された。そのとき、行方不明の宇宙船が帰還。搭乗員の内田が無傷で生還した。ゲンは、内田がアトランタ星人と見破るが、長官と娘・あや子は内田に会い、喜ぶ。内田はあや子の婚約者だった。「俺の正体を明かせばお前とダンの正体もばらす」と内田はテレパシーでゲンを脅す。

輸送作戦開始。ゲンのマッキーに同乗するのは正式にMAC隊員になった内田。内田は、念力でマッキーの操縦桿を動かなくした。墜落寸前、内田は狡猾にもゲンを救出した。実はウラン輸送の本番は次の日、敵を欺くためだった。しかも内田が輸送担当になった。ダンは内田殺害をゲンに命令する。が、ゲンは内田を本物と信じるあや子に同情し手が出せない。ダンは困惑、最後の手を使った。輸送作戦準備中のMACへあや子危篤の報。長官と内田は車で帰った。だが、病院方向ではない。慌てる長官。内田はアトランタ星人になり巨大化、ゲンは変身してこれを追う。星人はウランを運ぶダンのマッキーを捕獲、ステーションへぶつけようとする。ダンは星人とともに自爆するつもりだったが、レオの弟アストラが現れた!

クローズアップ・キャスト

レギュラー 丘野かおり (旧:山田圭子)

城南スポーツセンターで補助指導員をしているゲンの恋人・山口百子役。本作の前年にデビューした歌手・山口百恵は74年、大ブレーク。その影響とは思うが、それにしてもあまりにベタなネーミングだ。だが、今となってはこの名前があるからこそ、時代性が浮き彫りになっている。丘野は1966年の日テレ『丸出だめ夫』、『ミラーマン』、『ウルトラマンA』第34話、『仮面ライダー』、『快傑ライオン丸』など特撮系の番組にゲスト出演している。『レオ』は少ないセミレギュラーであった。

準レギュラー 神田隆

高倉長官を演じているのは刑事役やギャングのボスではおなじみ神田隆。戦後、松竹専属の俳優だったが、1950年代半ばから東映に移籍。東映では刑事役、ギャング役、悪代官と善人も悪人も両方できる俳優として多数出演。刑事役では『警視庁物語シリーズ』、『少年探偵団シリーズ』の警部役も忘れ難い。

VS

アトランタ星人

身長:1.68～57m　**体重**:90g～2万9000t
特徴・得意技:卑劣で凶悪な性格。目から機能停止光線を照射する。この光を浴びたすべての機械は機能を停止してしまう。人間に変身できる。飛行能力がある。

KAIJU DATA

ウルトラマンレオ［ 第38話 ］

決闘!レオ兄弟対ウルトラ兄弟

*ゾフィ ウルトラマン 帰ってきたウルトラマン ウルトラマンエース アストラ登場。

ウルトラマンレオ［ 第39話 ］

レオ兄弟 ウルトラ兄弟 勝利の時

*ゾフィ ウルトラマン 帰ってきたウルトラマン ウルトラマンエース ウルトラマンキング アストラ 暗黒星人ババルウ登場。

1974年12月27日（38話）、1975年1月3日（39話）放送／脚本：若槻文三（38話）、田口成光（39話）　監督：東條昭平　特撮監督：矢島信男　ゲストキャスト：神田隆（39話）

ウルトラ兄弟とレオ兄弟が敵対！ウルトラの星も破壊の危機！

「キーなど問題ではない。お前達は愚かしくも、ウルトラ兄弟の七番目の弟になるやも知れぬレオを殺すところだったではないか」（ウルトラマンキング）

あらすじ／　ウルトラの星にあるウルトラタワーの炎が何者かによって消された。ウルトラの星は軌道から外れ地球に接近。レオの弟アストラがウルトラキーを盗んだからだ。アストラは追って来たウルトラ兄弟と地球で戦う。キーを返さないアストラが不思議だったがレオはアストラを信じ味方する。レオ兄弟とウルトラ兄弟は敵同士になり激しく戦い、レオは倒れた。アストラはキーの引金を引こうとする。ウルトラキーには地球を破壊する威力がある。その瞬間、キーは弾き飛ばされ2つに割れた。ウルトラマンキングだった。キングは「レオを殺すのか」とウルトラ兄弟を叱る。キングがアストラの正体を暴く。ババルウ星人だ！　キングは星人打倒よりも先に、地球とウルトラの星を救えと兄弟たちに指令する。

MAC高倉長官はウルトラの星をUN105X爆弾で破壊することを決めた。ダンは「今まで地球を救ってくれたウルトラ兄弟の星を破壊できない」と反対。だが地球滅亡まで残り1日。世界中に天変地異発生。傷つき横たわっていたゲンは地震で目が覚め、ウルトラの星爆破決定の知らせを知り、ダンに詰め寄る。そこでゲンはダンからアストラ生存を告げられ、レオに変身してこれを救出。レオとアストラの兄弟は地球を救えるのか…。

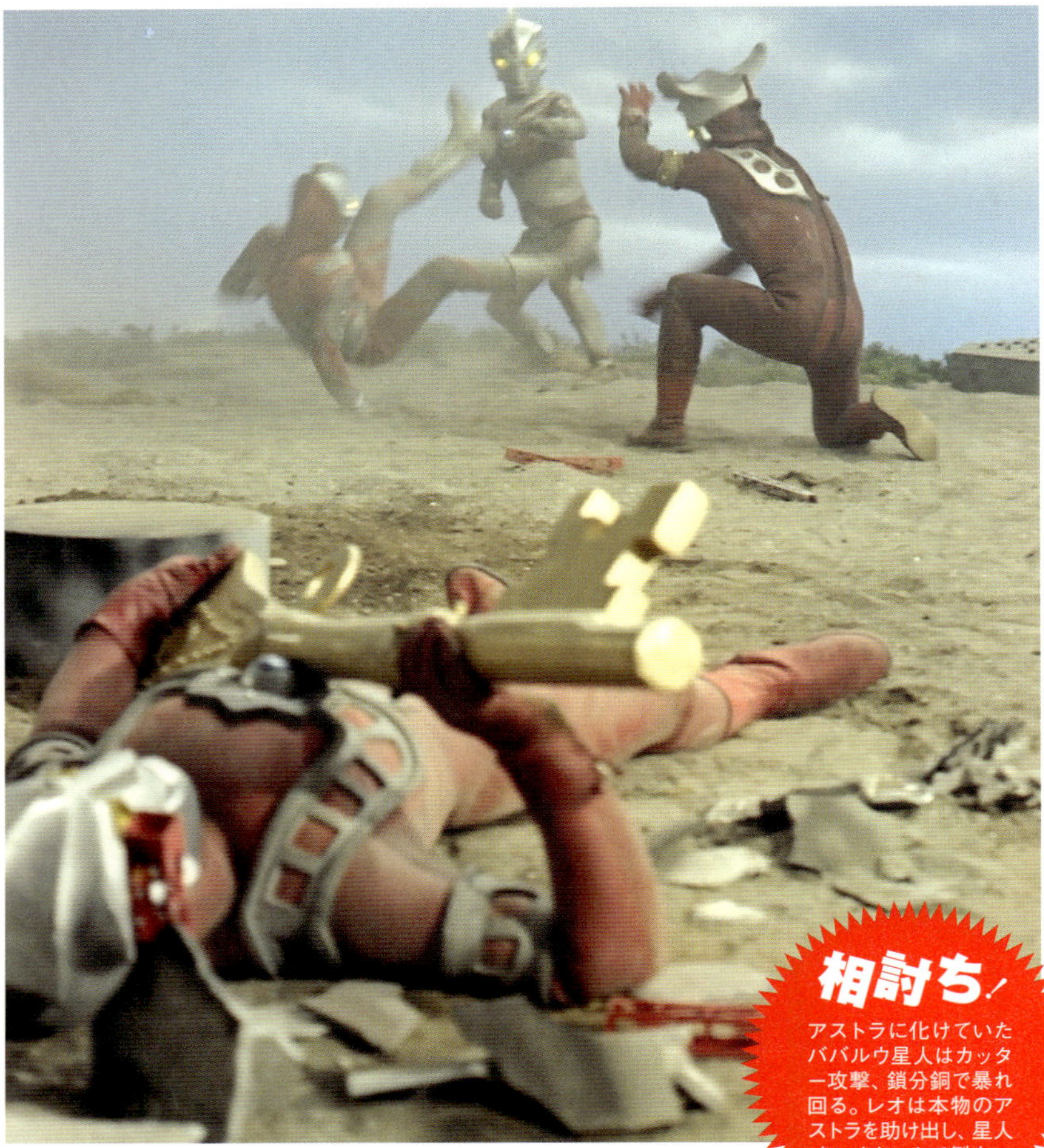

相討ち！

アストラに化けていたババルウ星人はカッター攻撃、鎖分銅で暴れ回る。レオは本物のアストラを助け出し、星人をレオキックで倒す。

VS

ババルウ星人

身長：2～56m
体重：140kg～2万8000t
特徴・得意技：残忍で卑劣な性格。左腕に鎖分銅、右腕にカッターを仕込んでいて武器にする。頭髪を抜くとその毛から分身体を作れる。変身能力がある。

KAIJU DATA

ウルトラ雑記帳

ババルウ星人のネーミング

「盗む」という方言「ババる」から来ているという説を見つけた。確かに星人はウルトラキーを盗んだわけなので、「盗む」という意味を名前に込めたかった、とは推測できる。もしかして「ネコババ」からの発想かも。これは当方の説だが、ババルウのネーミングは往年のラテンポップス『ババルー』からではないか。米コメディドラマ『アイ・ラブ・ルーシー』ではおなじみの曲。ルーシーの相手役で実生活で夫のデジ・アーナズが自身のバンドをバックによく歌っていた。日本では江利チエミの持ち歌。ザビア・クガート楽団の演奏盤も有名。肝心の「ババルー」の意味は、「ババルー・アジェー」というキューバの神様だという。でも、ババルウ星人の命名者は、単にこの曲が好きだった、からではないだろうか。

クローズアップ・キャスト

準レギュラー 藍とも子

桃井隊員の後任としてオペレーターを担当した松木晴子隊員を演じた。実は第17話でスポーツセンター練習生役として出ていたが第26話から隊員役としてセミレギュラーとなった。本作の後、東宝映画『メカゴジラの逆襲』ではサイボーグに改造される真船桂役を演じた。その後、日活ロマンポルノに2本主演した。私生活では1977年、俳優の峰岸徹と結婚したが83年に離婚している。

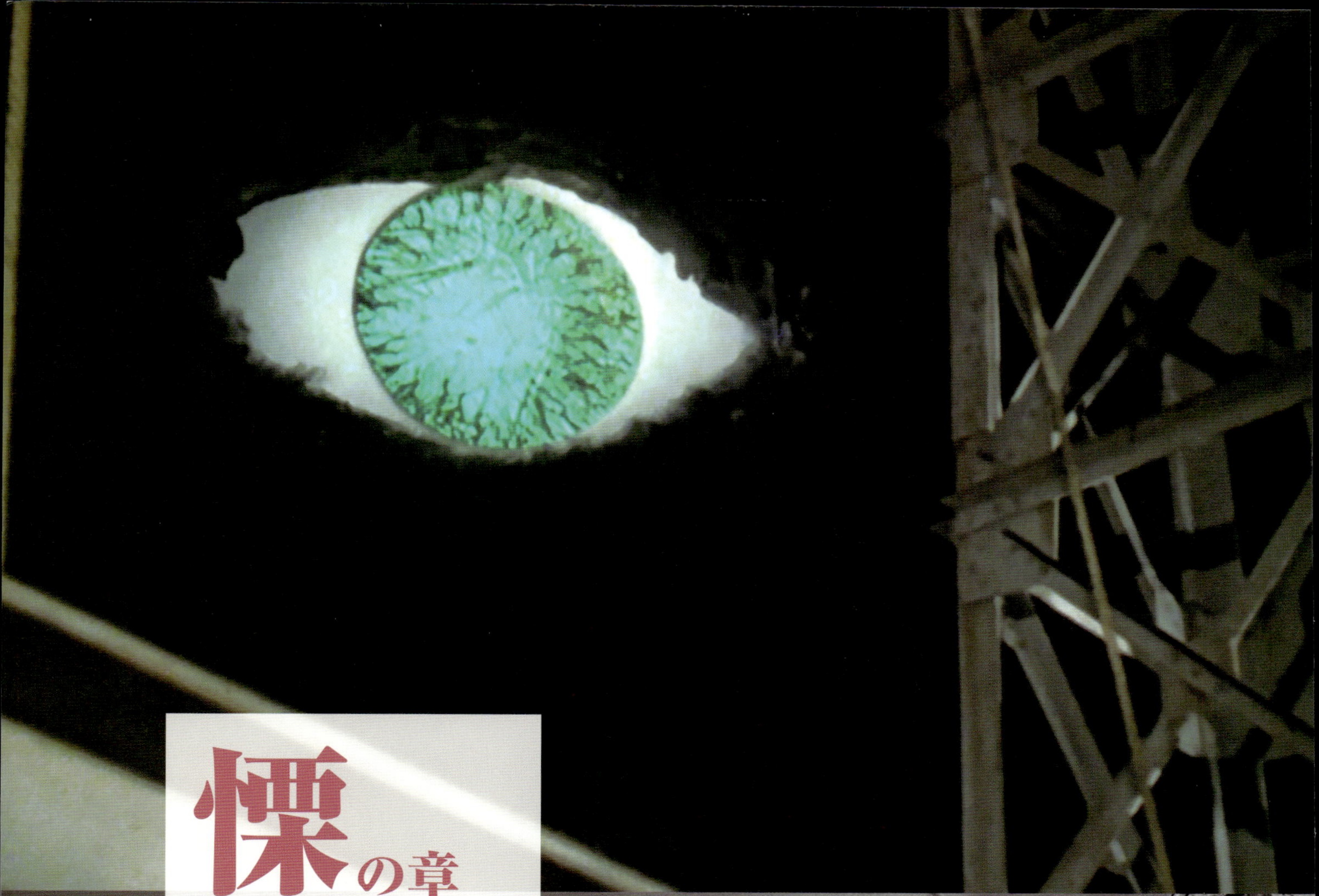

慄の章

テレビの前の少年少女たちを怖がらせた
未知の世界、超常現象、
恐怖、怪奇趣向を
モチーフにした話作りを選出。
ウルトラマンはどう戦ったか…。

ウルトラマン［ 第7話 ］

バラージの青い石 〝磁力怪獣アントラー登場〟

1966年8月28日放送／脚本：南川龍、金城哲夫　監督：野長瀬三摩地　特技監督：高野宏一　ゲストキャスト：弓恵子、エドガー・ケイザー

辛勝！

スペシウム光線が効かない！アントラーの磁力光線、地中攻撃に苦戦。ムラマツが投げつけたノアの神の青い石でアントラーは倒れた。

ウルトラマンは古代の神か？砂漠の伝説都市をアントラーが襲う。

「我々人類にとって、ウルトラマンは平和のための大切な神なのかもしれん」（ムラマツキャップ）

あらすじ／　中近東の砂漠に巨大隕石が落ちた。科特隊はビートルで人跡未踏の地へ向かう。上空に突然、光の壁。その影響で操縦不能、不時着。徒歩で砂漠を行くと隕石を発見。さらに地図にはない謎の街・バラージへたどり着く。

女王チャータムという女が登場、「かつて栄えた街だが、アントラーのせいで街は衰えた」と説明する。さらに「だが、アントラーは街を襲うことはない、なぜならノアの神がいるから」という。神殿には彼らが神と崇める石像が祀られていた。それはウルトラマンをかたどっていた。そのとき、アントラーが街を襲う。結界が崩れたのか。アントラーの磁力光線で科特隊のレーザーガンは吸い取られてしまう。ハヤタはウルトラマンに変身。アントラーは砂の中に潜り込み磁力光線を放つ。ウルトラマンは磁力に吸い寄せられる形で満足に動けない。スペシウム光線で応戦するが効かない。エネルギーは残り30秒だ。チャータムは石像の青い石を取り、ムラマツに託す。ムラマツは石をアントラー目がけて投げつける。アントラーは崩れ落ちるように倒れた。「青い石を投げろとのノアの神のお告げです」とチャータムが静かに言った。

ウルトラ雑記帳

脚本・美術

【その1】脚本の南川龍は本作の監督・野長瀬のペンネーム。幻の都市、黄金郷を探すというテーマの小説や映画は多くあるが、1957年、ジョン・ウェインとソフィア・ローレン共演の米映画『失われたものゝ伝説』がヒントではなかろうか。

【その2】バラージの街並みは本格的なもので驚くが、実はこれ東宝のオープンセット（通称：生田オープン）。三船敏郎主演の無国籍冒険活劇映画『奇巌城の冒険』のセットを流用したもの。ちなみに同所では多くの映画テレビ作品が撮られたが、現在は住宅地に変貌している。

▲街の伝説を語る女王チャータム役・弓恵子。（詳細はP77へ）。

VS

アントラー

身長：40m　**体重**：2万t
特徴・得意技：あごから放射する七色の磁力光線はあらゆる金属を吸い寄せる。地中に潜り相手をかく乱させる。

KAIJU DATA

ウルトラマン [第17話]

無限へのパスポート 〝四次元怪獣ブルトン登場〟

1966年11月6日放送/脚本:藤川桂介　監督:飯島敏宏　特殊技術:高野宏一　ゲストキャスト:舟橋元、永井秀明

ブルトンの四次元能力の前には防衛隊の攻撃は意味をなさなかった。

連続発射!

ウルトラマンはブルトンに飛び蹴りするも四次元能力で空中静止。ブルトンは繊毛攻撃するがハイスピンでそれをはねのけ、スペシウム光線連続発射で勝利する。

「あの隕石はふたつある。けれども、合わせるとひとつになります。ひとつになると恐ろしい」
(探検家イエスタデイ)

あらすじ/バローン砂漠から日本に戻った世界的探検家のイエスタデイ氏が行方不明に。科特隊が捜査に乗り出すと突然、砂漠から持ち帰った青い隕石と共にイエスタデイ氏が現れる。失踪の原因は隕石にありそうだ。その青い隕石と同氏が友人・福井に分けた赤い隕石の両方を科特隊内に保管した。ところが、ふたつの石は引き合い合体。そして、空間はねじれ歪み、四次元状態になってしまう。

科特隊本部はフジツボの集合体のような形をした四次元怪獣ブルトンに支配されてしまった。防衛隊が陸・空両面攻撃をかける。が、戦車は空を飛ばされ破壊、戦闘機は地を這う有様、ブルトンの四次元能力に翻弄されるのだった。ついに、ウルトラマン登場。ジャンプしブルトンにキックをお見舞いしようとするが宙に浮かんだまま静止してしまう。ウルトラマンもブルトンの四次元戦法を切り崩すことはできないのだろうか…。

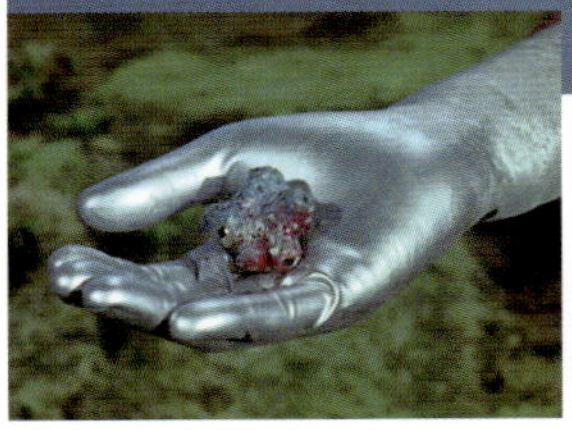

▲スペシウム光線を受け小さな隕石に。

VS

ブルトン

身長:60m　**体重**:6万t

特徴・得意技:身体の各所にある穴からアンテナ状の繊毛を出し、四次元空間を作ったり重力を操作したりする。飛行能力がある。

KAIJU DATA

ウルトラ雑記帳

探険家イエスタデイ

人の名前でイエスタデイは相当珍しいが、『イエスタデイ』と言えばビートルズである。

1966年6月29日、イギリスのビートルズが来日。3日間、日本武道館でライブを敢行した。日本中の若者が熱狂、ほとんど事件のような状態だった。そして、ビートルズが日本を発った7月3日から1週間後の7月10日、「ウルトラマン前夜祭」が放送された。今度は日本中のチビッ子たちが熱狂することになったのだ。

ウルトラマン [第19話]

悪魔はふたたび 〝アボラス バニラ登場〟

1966年11月20日放送／脚本：山田正弘、南川竜　監督：野長瀬三摩地　特殊技術：高野宏一　ゲストキャスト：福田善之

連続攻撃！
科特隊の原子弾で片目を失ったバニラをアボラスが溶解。アボラスはウルトラマンにも溶解液攻撃。が、連続スペシウム光線で倒れる。

3億5千年前のタイムカプセルに封じ込められていた怪獣が蘇る！

「我々は昔の人々が閉じ込めた悪魔を再び蘇らせたのか！」（ムラマツキャップ）

あらすじ／　ビルの工事現場から大きなカプセルが発見され科特隊と宇宙考古学の権威・福山博士が現場に到着する。カプセル内には青い液体と金属板が入っていた。福山博士は3億5千年前のタイムカプセルではないかと推測する。カプセルを送られた鉱物試験所ではカプセルをあける努力が続けられ、10万ボルトの電撃を流したところ、液体は青い怪獣アボラスになった。そして、カプセルはもうひとつあった。落雷を浴びたカプセルから赤い怪獣バニラが出現する。

そのころ、金属板に隠されていた文字が解読された。「悪魔の怪獣2体を捕まえ液体状にして閉じ込めた。決して開けてはならない」という警告。だが、時すでに遅し。2体の怪獣は国立競技場で戦い始めた。科特隊は福山博士と共に出動して、怪獣を攻撃。原子弾でバニラの目を潰したところに、アボラスが泡を吐いてバニラを倒す。残るはアボラスだが、ついに銃器のエネルギーが切れ、攻撃不能に。そのときウルトラマン登場。しかし、アボラスの溶解泡に包まれてしまう……。

VS

バニラ

身長：55m　**体重**：2万t
特徴・得意技：超古代の生物。赤く分厚い皮膚を持つ。全身頑丈で力が強い。口から高温の炎を吐く。動きが俊敏。

KAIJU DATA

VS

アボラス

身長：60m　**体重**：2万t
特徴・得意技：超古代の生物。青い皮膚は強靭で、強い腕力を持つ。泡状の溶解液を噴射する。角で相手を突き刺す攻撃。

KAIJU DATA

物語の背景

タイムカプセル

1960年代後半、小中学校を中心にタイムカプセル・ブームが起こった。どの学校でも大抵、校庭や中庭の片隅に自作の絵や文集、手紙などが箱に入れられ埋められた。これは1970年開催予定だった大阪万博でタイムカプセルが土中深く埋められるという情報からの流行だった。ちなみに、本家の万博タイムカプセルの開封予定は6970年！だという。

国立競技場

アボラスとバニラ、ウルトラマンが戦う場所が国立競技場だ。本作内では「オリンピック競技場」と呼ばれている。本作放送の2年前、1964年に東京オリンピックが開催されたが、その際に建設された。本来は霞ヶ丘競技場、屋根のある代々木競技場、西が丘競技場の3か所の総称だが、一般的に「国立競技場」と呼称する場合は「国立霞ヶ丘競技場」を指す。

当時のオリンピック少年たちにとって国立競技場は聖地。それが新国立競技場に取って代わる。複雑な思いだ。

ウルトラセブン［ 第2話 ］

緑の恐怖

1967年10月8日放送／脚本：金城哲夫　監督：野長瀬三摩地　特殊技術：高野宏一　ゲストキャスト：佐原健二、中真千子、松本朝夫、大村千吉

夫が緑色の怪物に！ 地球は植物宇宙人の星になってしまうのか!?

危機一髪！

石黒隊員に成りすましていた星人は電車内で正体を現す。セブンはアイスラッガーで真っ二つ、エメリウム光線で焼き払った。

▶夫が突如怪物に変身し、震え戦く石黒の妻役・中真千子。

「事件は無事解決し、被害者の全ては人間に復活し収容した。ウルトラ警備隊の活躍に感謝する」（警視庁）

「このセリフはウルトラセブンに言ってもらいたいな」（キリヤマ隊長）

あらすじ／　宇宙ステーションV3の石黒隊員が休暇で帰還した。一方、石黒の妻の待つ家の中庭に謎の鉛色の石が忽然と現れた。家に帰って来る石黒だが、なぜか様子がおかしい。夜、石黒は緑色の植物状の怪物になり外へ出て行き帰宅途中のサラリーマンを襲う。サラリーマンは同じ緑の怪物になり暴れる。それから連日、十数人が同様の事件に巻き込まれ怪物化してしまった。タケナカ参謀は「このままでは数か月で地球は怪物に乗っ取られてしまう」と危機感を強める。石黒は妻と共に旅行に出かける。ロマンスカー車内で楽しそうな石黒夫婦。だが、夫石黒が緑色の怪物になり乗客を襲う。電車は急停車、逃げ出す乗客。そこへダンとアンヌが助けに現れる。怪物はワイアール星人だった。星人は巨大化する。ダンもウルトラアイを装着しウルトラセブンに変身、アイスラッガーで星人を真っ二つ、焼き払ってしまう。

心配する妻の前に本物の石黒が現れる。石黒は庭の鉛色の石の中に閉じ込められていた。ワイアール星人は電送化された石黒の姿を借りていたのだ。

クローズアップ・キャスト

ゲスト女優 中真千子

本作で石黒隊員の妻役。東宝映画『若大将シリーズ』で主演・加山雄三の妹役で有名。キョトンした顔立ちで、しゃべりもキャンキャンうるさいが、その割に妙に色っぽいのが特徴。『ウルトラQ』の第22話「変身」では失踪し巨人化した男の恋人役を演じている。

ゲスト俳優 大村千吉

目玉ぎょろりは一度見たら忘れられない風貌。数々の特撮作品で〝怪獣にやられる俳優〟として知られている。映画『三大怪獣 地球最大の決戦』では阿蘇山火口に落ちた観光客の帽子を金を出せば拾ってあげると持ちかけた男が大村。男は帽子を拾ったところでラドンに襲われる。『ウルトラQ』の第1話「ゴメスを倒せ！」では冒頭のトンネル工事をしているアル中の作業員役で「怪物を見た！」と大騒ぎする。芸歴は古く、戦前に子役でデビュー、1933年、東宝の前身P.C.L.の映画『あるぷす大将』では主演も張っている。戦後は東宝映画やテレビ作品で数多くの作品に関わった。

VS

ワイアール星人

身長：1.8 ～ 150m
体重：100kg ～1万3000t
特徴・得意技：身体から吹き出す液体を人間にかけ、自分と同じ姿にする。地球人を同族化しようと企む。変身能力。巨大化できる。

KAIJU DATA

ウルトラセブン ［ 第16話 ］

闇に光る目

1968年1月21日放送／脚本：藤川桂介　監督：鈴木俊継　特殊技術：高野宏一　ゲストキャスト：岩本弘司、宮川洋一、稲吉千春

いじめられっ子の願望が叶えば、地球全滅計画が達成する!?

救済！
ウルトラホークを撃墜するアンノン。セブンはストップ光線でアンノンの動きを止める。アンノンはセブンの説得に応じ、星へ帰る。

「我々の星の平和を二度と荒らしに来ないようにするだけだ。君だって君をいじめる子はやっつけてやりたいだろ？」
（アンノン）

あらすじ／　アンノン星を探索中の宇宙ロケット「サクラ9号」が、何故か地球に戻ってきた。地獄山に着陸したロケットを探し出したウルトラ警備隊。だが、ロケットはいきなり爆発してしまう。

そのロケットから飛び出した銀色の石をヒロシ少年が拾うが、いじめっ子たちが「見せろ」と殺到する。すると、不思議なことに石から怪電波が発生しヒロシ以外の子供たちを苦しめる。実は石はアンノン星人が活動するのに必要な身体だったのだ。

アンノンの本体がテレパシーでヒロシに「石を地獄山に戻せば、子供の中で一番強くしてやる」と告げる。ダンが地獄山でヒロシを発見するが、ヒロシは石を落とす。火口から緑色の目をしたアンノンの岩石怪獣が出現する。アンノンは「サクラ9号」が星を攻撃したと思い、その前に地球を全滅させようとやって来たのだった。ウルトラセブンが登場しアンノンを説得する。アンノンは「分かった。同じ宇宙人の言葉は信じる」と攻撃を止め星へ帰っていった。

ダンはヒロシを連れて帰る。母と子供たちが待っていた。子供たちはみな心配そうな顔をしていた。「本当に強い子はみんなと仲良くできる子だよ」とダンが言うと、ヒロシは笑顔で子供たちの輪の中に入って行った。

ウルトラ雑記帳

アンノンのネーミング

雑誌『アンアン』『ノンノ』からの発想では？ と思われる方、残念、違うのである。本作放送時、両誌はまだ発行されていなかった。『an an アンアン』創刊は1970年、『non-no ノンノ』は71年のこと。両誌は若い女性に圧倒的な支持を得、両誌を片手に闊歩する女性たちを「アンノン族」と呼んだのだ。では、本作のアンノンは？　英語unknownアンノウン(未知)からのネーミングだという。

また、〝未知〟〝光る目〟といえば1960年の英国製SF映画『未知への挑戦／光る眼』(1995年にジョン・カーペンターがリメイク) がある。内容的には関連性はないが、何らかのインスパイアはあったに違いない。

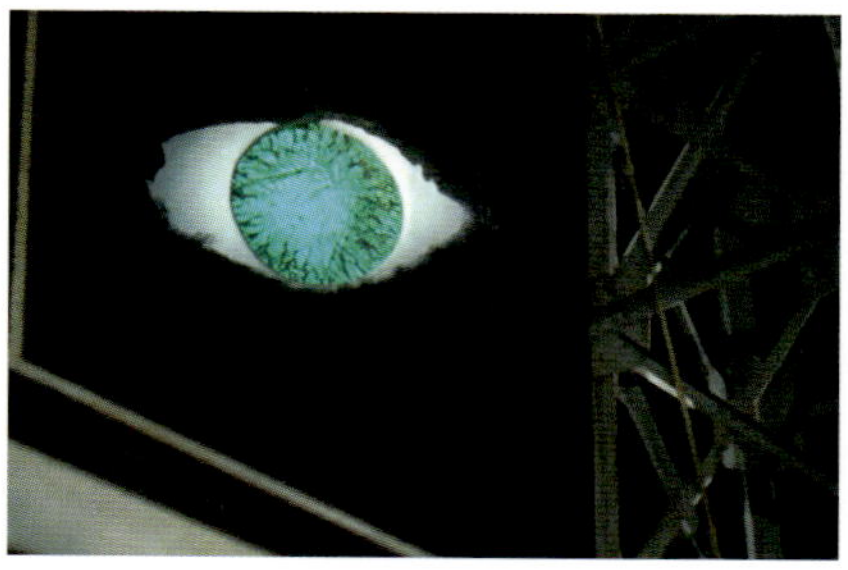

VS

アンノン

身長：30m　**体重**：15万t
特徴・得意技：全身岩石の塊に見えるが、実体は目の形をした脳だけの生命体。無機物に寄生して活動。テレパシー能力。緑の目から光線を発する。

KAIJU DATA

ウルトラセブン ［ 第26話 ］

超兵器R1号

1968年3月31日放送／脚本：若槻文三　監督：鈴木俊継　特殊技術：的場徹　ゲストキャスト：佐原健二、田村奈巳、向井淳一郎

苦戦！
防衛軍の新型爆弾で粉砕されるが再生するギエロン。迎え撃つセブンはリング状光線に苦戦するもアイスラッガーで喉を切り裂き勝つ。

地球防衛軍の超兵器実験から生まれた星獣ギエロンが地球を襲う。

「（兵器開発競争は）血を吐きながら続ける…悲しいマラソンですよ」（モロボシ・ダン）

あらすじ／　地球防衛軍は宇宙の侵略者に対抗するために開発した惑星攻撃用の超兵器R1号の威力実験を開始した。水爆の8千個分の威力というR1号はギエロン星へ向け発射された。ギエロンは生物学の権威・前野博士が「生物がいない」と断定した星だった。実験は成功、ギエロンは宇宙から消えた。実験成功に沸く隊員たち。「我々はただボタンに手をかけて待っていればいい」と喜ぶフルハシ。しかし、ダンは「侵略者はもっとすごい兵器を作る」と反論。するとフルハシは「我々はそれよりもっと強い兵器を作ればいいんだ！」とさらに反論する。

そんな矢先、消滅したはずのギエロン星から何かが地球へ飛来する。ギエロン星獣だった。警備隊が攻撃するとあっさり粉砕した。が、一晩で再生し東京へ現れた。星獣は口から黄色い煙を噴出。それは放射能ガスだった。星獣はR1号の放射能から生まれた怪獣だったのだ。このままでは東京が放射能に汚染されてしまう。生物がいないことを主張した前野博士は責任を感じる。R1号の開発者・瀬川博士は「星獣を倒すにはR2号が必要だ」と言い出した。悲しみの連鎖に揺れる心を隠し、ダンは星獣に立ち向かうために、変身する…。

物語の背景

核兵器開発競争

大戦後の米ソは冷戦状態になったが、核開発競争は激化。アメリカに続き、旧ソ連、イギリス、フランス、中国が核実験を成功させた。これにより世界中に地球を滅亡させるほどの核兵器が製造、拡散されたのだ。本作でアンヌ隊員が「使わなくても超兵器があるだけで平和が守れるんだわ」と言ったように、確かに強力なる核兵器は戦争抑止に繋がる面もある。しかし、原爆の恐ろしさを唯一知る日本人としては、核兵器へのアレルギーは強い。もしも、日本からアメリカ軍が撤退したとしたら、果たして日本は核保有を決断することができるだろうか。

クローズアップ・キャスト

ゲスト女優 田村奈巳

生物学の第一人者・前野律子博士を演じる。本名の平野まゆみで1959年、東宝映画でデビュー。翌年、浜美枝、星由里子と共に〝東宝スリーペット〟として売り出された。当時、元祖3人娘（美空ひばり、江利チエミ、雪村いづみ）やスパーク3人娘（伊東ゆかり、中尾ミエ、園まり）など〝3人娘〟は芸能界の流行だった。その後、名前を田村まゆみに改名、さらに61年、田村奈巳に改名した。『ウルトラQ』、『ウルトラマン』のヒロイン役候補だったという。

VS

ギエロン星獣

身長：50m　**体重**：3万5000t
特徴・得意技：皮膚は硬く頑丈。手からリング状の破壊光線。口から放射能ガスを噴射。再生能力がある。

KAIJU DATA

ウルトラセブン［第47話］

あなたはだぁれ?

1968年8月25日放送／脚本：上原正三　監督：安藤達己　特殊技術：的場徹　ゲストキャスト：小林昭二、三條美紀、大山デブコ

幻惑攻撃に戸惑うセブン!

家に帰るのが怖い…。マンモス団地は地球侵略基地だった!?

「どうやらこの団地の住人は、全部宇宙人になってしまったらしい」（モロボシ・ダン）

あらすじ／　ある夜、サラリーマンの佐藤がふくろう団地の我が家に帰って来る。ドアを開け出て来た妻と子供に「どなた様？　どこの人？」と言われてしまう。佐藤は自治会長や隣の奥さん、交番の警官にも知らないと言われ、途方に暮れ公園に佇む。異様な気配を感じた佐藤はウルトラ警備隊へ通報する。

ダンとフルハシが団地を捜査開始。佐藤は帰宅していなかった。妻に録音した声を聞かせると「確かに夫です」と答えた。夜の捜査中にダンの透視能力が驚くべき様子を捉えた。団地全体が地中に沈み、代わりに別のニセ団地が浮上した。団地はフック星人の居住区となり地球侵略の準備を進めていたのだ。

ダンたちはニセ団地内に捕えられていた佐藤を発見する。そこへ、自治会長、警官らが現れるが、宇宙人に変身、凍結ガスを噴射し隊員らを硬直させた。そして、地球へ向け円盤の大群が総攻撃をかけてきた。ウルトラ警備隊が迎撃、円盤を殲滅する。一方、間一髪逃れたダンはセブンに変身。3体の巨人化したフック星人と戦い、勝利する。一夜明け、本物の団地へ帰る佐藤。出迎えた女性は怪訝な顔。頭をかく佐藤。部屋を間違えたのだった。

激戦！

フック星人はダンらを白煙で硬直。その後、巨大化、3体の星人に。セブンはボディースパークとスリーワイドショットで3体を撃破。

VS

フック星人

身長：1.8～40m　**体重**：65kg～1万t
特徴・得意技：夜行性。集団催眠を得意とする。相手を硬直させる白煙を指先から噴射。動作が敏捷。変身能力。

KAIJU DATA

クローズアップ・キャスト

ゲスト女優 三條美紀
（三条美紀）

1946年の大映映画『君かと思ひて』でデビュー。以来、大映専属女優として三益愛子主演の『母物シリーズ』などに出演した。『戦え！マイティジャック』にも客演している。フリーとなってからも映画、テレビと数多くの作品に出ていた。2015年4月9日、死去、享年86。娘は元女優の紀比呂子。

ゲスト女優 大山デブコ

佐藤の近所の住人役でポッチャリ体型。戦前に活躍した喜劇映画女優・大山デブ子ではなく、別人の大山デブコである。1960年代、（初代）デブ子は既に映画界を去っていたが寺山修司が彼女を実験映画に抜擢した。その後、天井桟敷の第2回公演で「大山デブコの犯罪」を上演することになるがデブ子本人の出演は実現せず、オーディションで選ばれたのが、（2代目）大山デブコだった。デブコのその他の作品への出演などは不明だった。

◀写真右から大山デブコ、三條美紀。

物語の背景

深夜放送

団地に深夜2時に帰った佐藤は自分の家の中からテレビ放送される映画の音（爆発音なので戦争映画か？）を聞き、不審に思いウルトラ警備隊に問い合わせる。フルハシは「深夜劇場？　今、何時だと思ってるんだ！」などと酔っ払いの通報と決めつけ取り合わない。実は、この時代にはテレビの深夜放送はまだ実施されていない。テレビの深夜放送が始まるのは意外と遅く1980年代になってからだ。

マンモス団地

高度成長期に日本各地に団地が建設された。中でも、広大な敷地に造られた団地は〝マンモス団地〟と呼ばれた。東京では保谷市、田無市（現：西東京市）、東久留米市にまたがる「ひばりが丘団地」がマンモス団地の先駆けとなった。本作で登場するのは田園都市線の「たまプラーザ」駅から徒歩数分、その名もたまプラーザ団地だという。1968年に分譲が始まったばかりの新しい団地だった。

蒸発

本作のサラリーマン佐藤は宇宙人に捕えられてしまうのだが、団地の住人たちは「蒸発ではないのか」と疑う場面がある。ここでの〝蒸発〟とは「気体の蒸発」を人間の失踪に喩えた言い方で、当時の流行語である。1960年代、集団就職し上京した若者の失踪事件が相次いだ。67年には今村昌平監督が実験的な映画『人間蒸発』を発表した。森進一と並ぶため息唱法歌手の矢吹健には「蒸発のブルース」という楽曲がある。そして、北朝鮮による拉致事件がマスコミで報道されるのはまだずっと先のことである。

帰ってきたウルトラマン ［ 第23話 ］

暗黒怪獣 星を吐け！ 〝カニ座怪獣ザニカ　暗黒怪獣バキューモン登場〟

1971年9月10日放送／脚本：石堂淑朗　監督：山際永三　特殊技術：佐川和夫　ゲストキャスト：横山リエ、天本英世、坂本長利

地球滅亡まであと僅か。暴れ狂うザニカを制し 真の敵・暗黒怪獣バキューモンへと向かう！

超絶戦！
地球でのザニカとの戦いの後、真の敵バキューモンの体内へ入る。だが体内は超ド級の圧力。内部から穴を開け、脱出。バキューモンは破裂した。

「宇宙の秩序はそうそう簡単に崩れはしないもんさ」（坂田健）

あらすじ／　皆既日食を観察していた郷と丘隊員の前に不思議な女が現れ「大変なことが起きる。MATは今から準備せよ」と予言した。夜、星を観測していた人々が「北斗七星が消えた」と大騒ぎ、その直後流星が落ちた。翌日、隕石を探しに郷が山に入ると怪獣ザニカが現れた。

丘は予言の女を探し出した。女は星占い師・南條純子だった。純子は「北斗七星は飲み込まれた。今、カニ座の星が飲まれかかっている。カニ座は私の星なのだ！」と叫ぶ。さらに「カニ座の精を追って巨大な真っ黒いものが地球に向かっている」と絶叫、悶絶する。

純子にはザニカの魂が乗り移っていたのだ。星を飲んで生きる暗黒怪獣バキューモンが地球に向かっているのだ。天文研究所も「暗黒星雲にも似た大きな塊は、途中の天体物質を吸収しながら向かって来る」と震える。一方、MATの攻撃の後、ザニカと戦う形になったジャックは「問題はこの怪獣ではない」と気付き、宇宙へ飛ぶ。バキューモンの体内に潜り込んだが、もの凄い圧力に動きも鈍くなるジャック。地球滅亡まで時間がない！　どうするジャック！

クローズアップ・キャスト

ゲスト俳優 天本英世

東宝映画でおなじみの怪優。特撮作品でもおなじみだが岡本喜八監督『殺人狂時代』の秘密結社団長・溝呂木省吾はまさにハマり役だった。その後、『仮面ライダー』の死神博士もドラキュラ風なコスチュームと共に強烈なる印象を残した。私生活でもマントを着ていることがあり、新宿の中古レコード店に出没していた。

ゲスト女優 横山リエ

星占い師の南條純子は1969年の大島渚監督作品『新宿泥棒日記』で書店員ウメ子役を演じ鮮烈デビューした横山リエ。本作の翌年には若松孝二監督『天使の恍惚』（成人指定）、またNHKの連続ドラマ『天下御免』にも出演した。大島渚、若松孝二、特撮テレビ、型破り時代劇という落差が彼女らしい。舌ッ足らずのしゃべりながら度胸たっぷりの気風のいい女、シラケ演技も良かった。そのほか『やさしいにっぽん人』『旅の重さ』『空、みたか?』『女囚701号さそり』『赤ちょうちん』と主演ではないが70年代初期の邦画は横山リエなしに語ることはできない。

◀星占い師の南条純子役・横山リエ。

VS

ザニカ

身長：51m　**体重**：1万8000t
特徴・得意技：口から白い泡を吹く。背中に硬い甲羅。両手はハサミ状になっている。本来はおとなしい性格。

KAIJU DATA

帰ってきたウルトラマン［ 第31話 ］

悪魔と天使の間に…… 〝囮怪獣プルーマ登場〟

1971年11月5日放送／脚本：市川森一　監督：真船禎　特殊技術：高野宏一　ゲストキャスト：小園蓉子、大木智子

熱戦！
無数のウルトラブレスレットがジャックを襲う。伊吹隊長がブレスレットを操る少年（ゼラン星人）を射殺、ジャックは救われた。

プルーマを操る、天使の顔の悪魔との戦い。お前は天使なんかじゃない！

「人間の子は人間の子さ。天使を夢見させてはいかんよ」（伊吹隊長）

あらすじ／　MAT本部に伊吹隊長の娘・美奈子が友人・輝男と共に見学に来た。美奈子が教会で知り合った輝雄は口が利けなかった。郷は輝男の異様な雰囲気に気付く。輝男はゼラン星人が化けていた。「私の使命はお前を殺すことだ。怪獣プルーマを連れてきた。お前がプルーマに勝てば、お前は死ぬ」とテレパシーで不思議なことを告げる。郷は思わず少年を押さえ付けるが、逆に警備員らに取り押さえられる。「少年は宇宙人だ」と訴えるが伊吹は信じない。

　プルーマが小学校の校庭の地下から出現した。輝男がアドバルーンの紐に掴まるとプルーマがそれを持ち上げた。MATは輝男のために攻撃ができない。救出された輝男は入院する。郷が病室に入ると輝男は「郷、ウルトラマンになるのが怖いか」と挑発する。郷は少年の首を締め上げるが、見舞いに来た美奈子が驚き、伊吹たちに取り押さえられる。どこまでも少年が宇宙人だと主張する郷を、伊吹は「君の方が宇宙人なのでは？」と半ば呆れ気味に叱責。明日、ウルトラマンがピンチになったら、少年を取り押さえてほしいと言い残し、郷は去る。翌日、病院の近くからプルーマが出た。郷は「一か八か」と変身、あっさりとプルーマに勝利する。ところが、ウルトラブレスレットが無数になってジャックを襲う。伊吹は病院内で攻撃装置を操作する輝男を発見。伊吹は輝男を撃った。輝男は醜い宇宙人になり絶命した。

ウルトラ雑記帳

市川森一と真船禎の鋭い切り口

　脚本の市川森一、そして監督の真船禎は共にキリスト教に深い造詣を持っている。その2人のキリスト教的な発想から生まれたのが本作ではあるまいか。本作の物語では教会に通う伊吹隊長の娘・美奈子は聾唖の少年・輝男と知り合う。美奈子は手話を習うなどして輝男と差別なくつき合っているのだが、しかし、輝男は邪悪な宇宙人なのだ。それを知った郷は少年輝男を締め上げるが、逆に取り押さえられる始末。宇宙人は「地球人は子供を大切にするからなアハハ」と嘲笑う。ここなどは、少年法の問題点にも示唆していると言えそうだ。伊吹は「優しい娘がやっていることを邪魔できない」と郷の「少年宇宙人説」を信じない。「少年少女は天使なのだ」というテーゼは子供番組では絶対的なもののはずだ。しかし、伊吹隊長は最後の最後に郷の言葉を信じ、少年輝男を撃つ。子供番組で大人が子供を射殺するのである。衝撃的な結末。「悪魔と天使の間に…」、まさに市川&真船コンビの傑作ではあるまいか。

VS

プルーマ

身長：47m　**体重**：3万t
特徴・得意技：口から赤い熱線を放射。皮膚が硬く全身が頑丈。鋭い角と牙、大きな甲羅を持つ。体当たり攻撃を仕掛ける。

KAIJU DATA

初期ウルトラマンシリーズを

すべて知る男

プロデューサー 熊谷健

1966年の『ウルトラQ』〜1974年の『ウルトラマンレオ』まで、初期ウルトラシリーズ全7作に関わってきた熊谷氏が29歳から37歳までのウルトラマン人生を語る。

熊谷健（くまがいけん）

1937年9月3日生まれ。青森県野辺地町出身。61年、小津安二郎監督の東宝映画『小早川家の秋』の現場にアルバイトで参加。同『キングコング対ゴジラ』、『マタンゴ』、『海底軍艦』などで特殊美術助手。63年、円谷特技プロダクション入社。『ウルトラQ』、『ウルトラマン』、『ウルトラセブン』で制作進行、制作主任。71年『帰ってきたウルトラマン』でプロデューサー補。72年『ウルトラマンA』からプロデューサーとして『ウルトラマンタロウ』、『ウルトラマンレオ』まで担当した。ザニカ、ベムスターなど怪獣デザインでも知られている。そのほか『怪奇大作戦』や『恐怖劇場アンバランス』。国際放映へ移籍後、夏目雅子主演『西遊記』をヒットさせた。

絵を描くのが好きだった熊谷少年は弘前大学野辺地分校入学、美術部に入部した。展覧会で入賞するほど絵の才能があったが、一方で映画界への憧れ、特に小津安二郎監督への思いが強く、日大芸術学部美術学科へ編入した。

「当時、映画界は活況でね。日芸に入ってから北鎌倉の小津安二郎監督の家に押しかけて直に弟子入りを頼んだりしました」

この直談判が効いたのか熊谷は小津の初東宝作品「小早川家の秋」へアルバイトながら参加することになった。

「下っ端の助監督というか雑用係だけれど主演女優・原節子のスタンドインをやったりね。僕、原節子の大ファンでもあったから、そりゃあもう舞い上がって…」

カメラや照明を決めるまでの間、俳優の代わりにその位置にいる仕事がスタンドインである。原の姉・光代が熊谷姓（熊谷久虎監督夫人）であることから親しみを抱いたらしく、原に「熊ちゃん、熊ちゃん」と可愛がられたという。

「僕はその後も小津組にいたかったけど、東宝繋がりで次に『キングコング対ゴジラ』で特殊美術助手という役職を得ましてね。そこで初めて特撮の神様・円谷英二と出会うんです」

こうして、『マタンゴ』、『海底軍艦』などで主にミニチュアの建物造りに励み、日活作品『太平洋ひとりぼっち』では石原裕次郎の人形やヨットを造った。

「63年、設立したばかりの円谷特技プロダクションに金城哲夫と2人で入社しました。円谷さんと僕らのたった3人の会社（笑）」

円谷プロの企画文芸部に籍を置いた熊谷は金城と共にテレビ向けの企画を考えていた。66年、SFアンソロジー『UNBALANCE』がTBSに採用となり『ウルトラQ』として放送された。22話「変身」と25話「悪魔ッ子」は熊谷氏の原案。『ウルトラQ』は好評で、半年後の7月、巨大ヒーローが怪獣と戦う『ウルトラマン』がスタート。これまた空前の大ヒット、怪獣ブームにもなった。翌67年にはハードSF要素を盛り込んだ『ウルトラセブン』が始まり、熊谷氏は制作主任。2年半後の『帰ってきたウルトラマン』の13話目からプロデューサー補となった熊谷氏だが、別の仕事も加わった。それは怪獣デザインだった。

「そのとき、丁度、怪獣デザイナー（池谷仙克氏）が本編（ATG映画）にかかりっきりで手が回らない。急きょ、絵が描ける僕が怪獣デザインをすることになった。なにより、脚本家との打ち合わせに怪獣の画があると、物語作りのイメージがしやすくなるんです。デザインは自分なりに研究しました。角と牙があり2本足で歩くこと。それと、色はハッキリしていること。フォルムは複雑ではなく分かりやすいこと。これらの条件が揃っている怪獣が人気あるんで

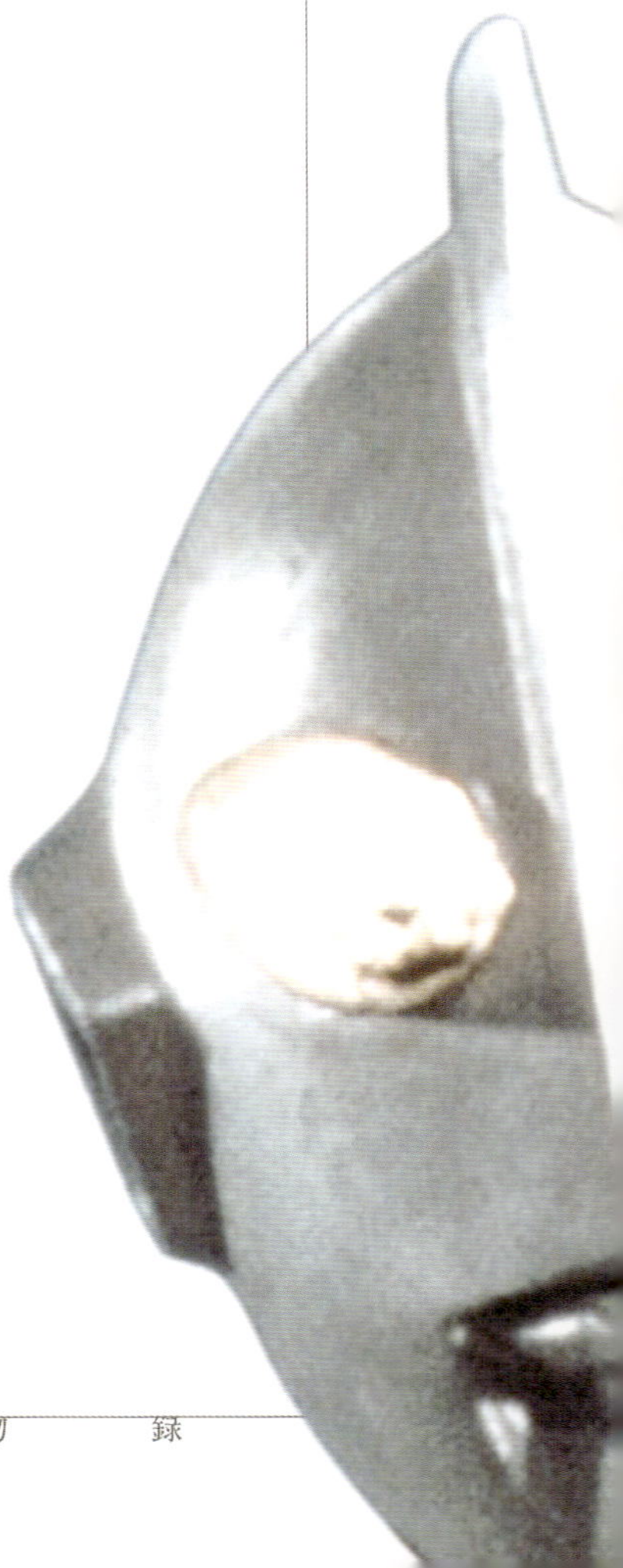

熊谷氏の描いたベムスターのデザイン画。ほかに吸電怪獣エレドータス、磁力怪獣マグネドン、カニ座怪獣ザニカ、暗黒怪獣バキューモン、甲虫怪獣ノコギリン、巨大魚怪獣ムルチなど20体以上をデザインした。

『ウルトラQ』の「変身」台本に『帰ってきたウルトラマン』の台本。ソフビは熊谷氏デザインの怪獣ブラックキング

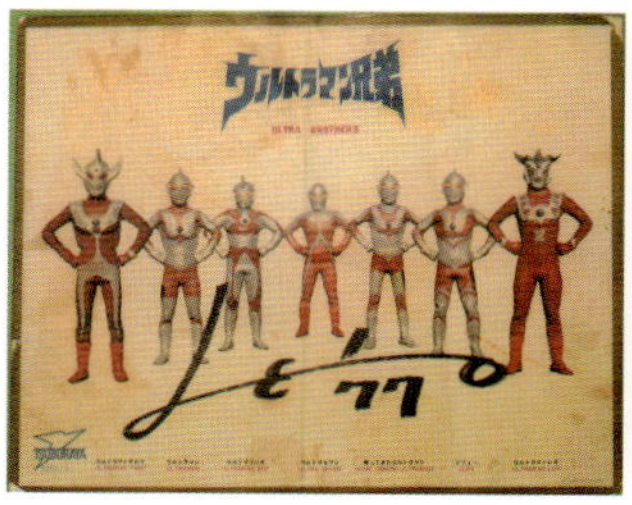

（写真右）
円谷プロダクションの1973年・年賀はがき。当然、放映中のウルトラマンAが目立っている。

「帰マン」から「レオ」までの4年間切れ目なく
シリーズが続きました。その間、休みはほとんどなし。
でも、その4年間は楽しい充実した日々でもありましたね。

す。それらを考慮してね」

『帰ってきたウルトラマン』で熊谷氏がデザインした怪獣は夫婦怪獣シーモンスにシーゴラス、始祖怪鳥テロチルス、宇宙大怪獣ベムスター、磁力怪獣マグネドン、暗黒怪獣バキューモン、マンション怪獣キングストロン、用心棒怪獣ブラックキング、宇宙怪人ササヒラーなど。それに『ウルトラマンタロウ』の第1話に登場する宇宙大怪獣アストロモンスを含めて20体以上をデザインした。

ウルトラマンシリーズの怪獣と言えば成田亨が有名ではあるが、〝熊谷怪獣〟にも人気怪獣が揃っているのである。

「中でも夫婦怪獣シーモンスとシーゴラスには思い入れがあります。尊敬する小津監督作品からの発想。怪獣にだって夫婦愛はあるだろうって、ね」

72年3月末『帰ってきたウルトラマン』終了。すぐに『ウルトラマンA』がスタート、熊谷氏は晴れてプロデューサーとして一本立ちした。

「なにしろ『帰マン』から『A』『T』『レオ』と4年間続くわけですから、その間、休みなし。TBSの橋本洋二プロデューサー（ウルトラ2期、怪奇大作戦など担当）とは局で打ち合わせした後、毎晩のように赤坂で飲み明かす。キツいけど面白い日々でした」

『ウルトラマンA』では男女が合体し巨大ヒーローになるという設定。だが、中盤で設定変更。女性隊員の南夕子は月の人間であることが分かり、月へ帰ってしまう展開になった。

「2人の男女がタッチしないと変身できない。だから、違う場所にいると変身できない。当初はそういうイライラ感というか変身までのプロセスにサスペンス的な要素を盛り込んだわけです。ところが、北斗と南、男女それぞれの事情を毎回描かなければならない。ストーリー作りに窮しちゃったんですね。それで、南を月星人ということにして帰しちゃった。番組的には路線変更なんだけど、僕は「かぐや姫」物語が大好きなので、28話『さようなら夕子、月の妹よ』は好きな回ですね」

毎シリーズで大変だったのはキャスティングで、特に隊員のメンバーには頭を悩ませた。

「隊員のキャラクターは難しいんですよ。似た顔ではいけないし、かといって個性的過ぎて主人公より目立ってはいけない。イイ男、イイ女ばかりを揃えてもダメなんですね。その点『タロウ』はうまくいった方かな。ZAT隊長が名古屋章、副隊長が東野孝彦（英心）。2人ともユーモアがあって面白かったですよね」

『レオ』の制作中は丁度、オイルショック。トイレットペーパーなど石油化工製品が不足し、特撮部分の材料費も高騰した。そこで後半からホームドラマ場面を増やしたという噂があるがどうなのだろう。熊谷氏は特に否定も肯定もしなかったが、春川ますみ、人気子役の杉田かおるをレギュラーに加えてドラマ部分の強化は考えた、という。

「春川ますみはオバちゃんなのに妙な色気があるでしょ？　起用したのはそこですかね。特撮ばかりだとね、やはり少しお色気が欲しいですから（笑）」

70年から約1年間、TBSで放

「ウルトラファイト」のロケ現場にて。セブン、ウー、イカルスに囲まれている若き熊谷氏。超低予算なので日帰り。だから原則、現場は近場。おなじみ生田オープン、多摩の造成地など。しかし、熊谷氏が昔話が好きということもあり、その手の雰囲気が出せる場所として三浦半島の剱崎、北軽井沢へも足を延ばすことがあったという。内容的には怪獣の巨大感無視、ただ怪獣たちがユルユルに戦う。その画に山田二郎アナのプロレス実況風ナレーションというチープな作品だった。そのため安直と批判もされたが、一方で新しい怪獣ファンを開拓、「帰ってきたウルトラマン」への制作へと繋げることができたのだ。

怪獣を殺さず故郷へ帰してやりたい――これは、僕自身の人生観でもあります。怪獣にも命がある、怪獣にだって情愛がある、ということを大事にしたかったんです。

送されたのが『ウルトラファイト』（月～金の夕方5時半からの5分間番組）だ。第一次怪獣ブームの終焉で、作品の発注がほとんどなくなったこともあり、円谷プロの経営が悪化。それを補うための苦肉の策。当初は、既成作品から特撮場面だけを抜き取り再編集していたが、それだけでは足りず、新規撮影をすることになった。

「私は制作担当と監督も。スタッフ5人位。着ぐるみ俳優3人でマイクロバスに乗り込みロケに出かける。1日で5本分くらいを撮るので大変。台本なんてありません。大体の取り組みのパターンは決めていましたけど」

山あり谷あり。決して順風満帆ではなかったウルトラ人生だが、熊谷氏は今、思う。

「ウルトラマンシリーズを続けてきましたが、私は怪獣を殺すことはしたくなかった。なるべくなら怪獣は故郷へ帰してやりたい。これは、僕自身の人生観でもあります。テレビの特撮怪獣番組をやって来ましたが〝怪獣にも命がある〟、また夫婦怪獣の発想にあるように〝怪獣にだって情愛がある〟ということを大事にしたかった。『ウルトラマン』放送から50年ですか…。50年経っても、こうやって取材されるなんて本当、嬉しい限りですよ」

撮影／早坂明

帰ってきたウルトラマン [第35話]

残酷！ 光怪獣プリズ魔 〝光怪獣プリズ魔登場〟

1971年12月3日放送／脚本：朱川審　監督：山際永三　特殊技術：佐川和夫　ゲストキャスト：飯沼慧

賭け！

小さくなったジャックはプリズ魔の体内に入り、スペシウム光線を放つ。冷却弾で冷えていたプリズ魔は急激に熱せられ粉砕する。

光を食べる怪獣、プリズ魔の弱点は何だ？ ジャックの捨て身の縮小作戦！

「全く奴は悪魔だ。あれは普通の物質じゃないんです。光のかたまり、物質の近くまで凝縮した光なんです」（郷秀樹）

あらすじ／　南極から南太平洋にかけて船舶や灯台が消える事件が多発、その軌跡は日本へ向かっていた。「何か恐ろしいものが日本へ…」と郷は戦慄する。日本のとある海岸にオーロラのような光を放つ巨大なプリズム状の塊が現れる。光怪獣プリズ魔だった。「ラーラー」と不気味な声を発しながら灯台をビームで吸収する。プリズ魔は光を求める怪獣だったのだ。郷はジャックに変身するが、プリズ魔は手強く、光ビームでいい様に弄ばれてしまう。だが、朝になり怪獣は消えた。プリズ魔は夜だけ光を必要としていた。MATは夜のスタジアムにプリズ魔を誘い出す。煌々と照らす照明を狙いプリズ魔登場。そこへ冷却弾投下、怪獣を凍らせる作戦だ。だが、プリズ魔はしぶとく、逆に隊員たちが凍える。郷は小さなジャックに変身、プラズ魔の吸収ビームに吸い取られる。体内に入ったジャックの攻撃でプリズ魔は粉砕された。変身から解けた郷は芝生に投げ出され苦悶の表情を浮かべる。「俺にとってギリギリの賭けだった」と。

物語の背景

サイケ映像の影響

ジャックがプリズ魔のビーム攻撃でレインボウカラーの空間に封じ込まれるような場面がある。この色遣いは1960年代後半から始まったサイケデリック・ブームの影響を受けているようだ。ジャックは一瞬だが、サイケな怪しげな世界に幻惑されそうになるのだ。

「異常気象」騒ぎの走り

物語の背景には1960年代から一部で言われるようになった〝異常気象〟があり、70年代には一般化する。その要因の一つとして太陽の黒点があるのだが、本作のプリズ魔もその黒点の影響から生まれたとされる。

クローズアップ・スタッフ

脚本・岸田森

脚本の朱川審とは本シリーズレギュラー坂田健役の岸田森のペンネーム。プロデューサーの橋本洋二は岸田脚本を気に入り、もっと書いて欲しいと熱望したそうだが、結局、2作目は書かれなかった。

ウルトラ雑記帳

解説「怪獣撃退への伏線」

ジャックは光怪獣プリズ魔の内部から攻撃し倒したが、実はその伏線が描かれていた。次郎少年がガラスのコップに熱湯を注いだために割ってしまう。また虫眼鏡に太陽光が集まり紙が燃える場面だ。つまり、ウルトラマンのスペシウム光線は怪獣の身体がプリズム状のためエネルギーが光の屈折の原理で1点に集中し効果を上げた。さらに冷却弾で冷やされていたプリズ魔は体内温度が一気に上がり、コップと同じ現象で粉々に粉砕してしまったのだ。

VS

プリズ魔

身長：35m　**体重：**1万8000t　**特徴・得意技：**光をエネルギーとし、昼は太陽光、夜は人工の光を求める。中心部から多様な光線を発し、相手を結晶化したり引き寄せたりする。女性がラーララーと歌うような鳴き声。

KAIJU DATA

ウルトラマンA［ 第9話 ］

超獣10万匹! 奇襲計画 〝忍者超獣ガマス登場〟

1972 年6月2日放送／脚本：市川森一　監督：山際永三　特殊技術：田渕吉男　ゲストキャスト：江夏夕子、草野大悟

写真の超獣が実体化。10万部発行の雑誌から10万匹が誕生!?

「超獣の写真？ やったぜベイビー！」
（月刊ボーイズ編集長）

あらすじ／　東京多摩丘陵。TACは超獣が出現することを予期し陸空で待機していた。地上では今野隊員が超獣の写真を撮影するため望遠カメラを構えていた。超獣ガマス出現。今野はシャッターを切るが、ガマスは消え、撮影に失敗。しかし、現場に入り込んでいた雑誌カメラマン・鮫島純子は撮影に成功する。ガマスの写真はスクープとして雑誌に掲載される運びとなった。ところが、この写真が大変なことになる。写真のガマスが実体化、街を破壊し始めた。

TACは焼き増しした写真を入手、実験により謎を解明した。写真のガマスは音波（電磁波）に反応すると実体化するのだった。北斗らはヤプールの陰謀に戦慄する。ガマスの写真が掲載された雑誌は10万冊刷られる。つまり、このままではガマスが10万匹現れることになる。印刷を止めなくては！ 北斗らが雑誌社の前に着くと、ガマスが雑誌社ビルを破壊し現れた。雑誌編集長がガマスの写真を見ながらシェーバーを使用、この音波に反応し実体化したのだ。

Aはガマスと戦う。口から吹き矢、手裏剣を投げ、マキビシをまく忍者超獣は手強かったがAが勝利する。TACは純子から撮影フィルムを入手、焼却する。

▲フリーカメラマン鮫島純子（江夏夕子）と今野隊員（山本正明）。

逆襲!

ガマスは手裏剣、剣で攻撃する。エースはその剣を奪い、ガマスの胸に突き刺し、とどめはパンチレーザースペシャルで爆破。

▲写真から実体化したガマス。様々な忍術を駆使する強敵だ。

VS

ガマス

身長：55m　**体重**：2万2000t
特徴・得意技：二次元状態から立体化できる。手裏剣、マキビシ、剣を装備。口から吹き矢を発射。煙幕を使って姿を消す。ネガフィルムに入り込むことができる。

KAIJU DATA

▶編集長（草野大悟）がシェーバーを使用すると、電磁波に反応してガマスが巨大化。街で暴れ出す。

クローズアップ・キャスト

ゲスト俳優 草野大悟

「月刊ボーイズ」編集長役をコミカルに演じている。その編集長になぜかゾッコンでシビれていたのが鮫島純子で「（編集長は）独身で金持ちで親切」なんだという。草野は思いっきりクサい演技をかましていて、髭剃り（シェーバー）をおでこにあてたりする。

ゲスト女優 江夏夕子

鮫島純子役の江夏夕子が抜群の存在感。超獣の撮影をTACに再三注意されても「報道の自由だ」と取り合わない。強烈なじゃじゃ馬娘で、見ているこちらもイライラするほど。夫は目黒祐樹。つまり、義父は近衛十四郎で、義兄が松方弘樹。

物語の背景

8トラとヌードグラビア全盛

純子の部屋では『真夏の出来事』で知られる平山三紀の4枚目シングル『フレンズ』が流れている。また、純子が乗るタクシー内の8トラでは『フレンズ』のB面『20才の恋』がかかっている。8トラ（8トラックカートリッジテープ）はステレオなら4曲、モノラルならば8曲収録されている音楽テープのことで最初のカーオーディオとして発達した。また、ガマスの写真を見た運転手が「色気ないなあ」というセリフ。これは、70年代初期がヌードグラビア全盛時代であることを示している。そして、本作では音波としているが、電磁波の影響をネタにしている先見性もある。

ウルトラマンタロウ［ 第26話 ］

僕にも怪獣は退治できる！〝百足怪獣ムカデンダー登場〟

1973年9月28日放送／脚本：阿井文瓶　監督：深沢清澄　特殊技術：小林正夫　ゲストキャスト：江戸家猫八、高橋仁

撃破！

少年に救われた光太郎は変身。ムカデンダーは体を分離、左右から攻めてくる。タロウはストリウム光線とアトミックパンチで撃破。

ムカデンダーと戦った父を見習い、少年は勇気を振り絞った！

「男には自分の損になると分かっていても人のために働かなきゃならんときがあるんだよ」（紙芝居屋の笠井仙吉）

あらすじ／　八幡様のお祭りの日。健一は級友の竹雄を縁日に誘うが「将来は父のように社長になるために東大に入る、勉強をしなければ」と断る。そんなとき、中学生たちにいじめられている小学生に遭遇。健一は中学生に向かっていくが逆にコテンパン。通りかかった紙芝居屋に恫喝され中学生は逃げる。紙芝居屋は竹雄の父・仙吉だった。仙吉は境内で「ムカデ怪物の物語」を紙芝居で見せる。竹雄は紙芝居屋の父を恥じていた。

紙芝居の途中で空が曇り、山が割れ、本物の怪獣ムカデンダーが現れた。仙吉は神社内の槍を持ち出し、ムカデンダーに向かっていくが霧状の糸に巻かれ、火炎放射で大やけどを負う。ZATに救出された仙吉は竹雄に「男は人のために働かなければならないときがある」と伝える。ZATは怪獣を町から引き離そうと奮戦するものの果たせず。光太郎は消防のヤグラに上がりZATガンで攻撃していたが糸に巻かれる。それを救うにはスプレー銃で糸を溶かさないといけない。健一がその役目を志願したが、竹雄がガンを奪いヤグラに登った。光太郎は竹雄の助けで糸から解放されたがヤグラごと空へ飛ばされる。光太郎はタロウに変身、ムカデンダーを退治する。その後、竹雄は父の紙芝居を手伝うようになった。

クローズアップ・キャスト

ゲスト俳優 江戸家猫八

紙芝居屋の仙吉は動物モノマネで有名な（3代目）江戸家猫八。本作では残念ながら動物モノマネはなく、ムカデの怪物の声を披露していた。ラジオ番組だったNHKの人気ドラマ『お笑い三人組』が1957年テレビドラマ化され、猫八はクリーニング屋の八っちゃんとして人気を博した。ほかの2人は落語家の三遊亭小金馬（後の4代目金馬）、講談の一龍齋貞鳳。2001年、80歳没。2016年3月に長男の4代目・江戸家猫八（襲名前は江戸家子猫）も亡くなった。66歳だった。

VS

ムカデンダー

身長：59m　**体重**：4万t
特徴・得意技：口から10万℃の火炎や霧状の毒糸を吐く。首と胴体を分離でき、それぞれ独立して行動する。再び合体することも可能。

KAIJU DATA

ウルトラマンタロウ［ 第36話 ］

ひきょうもの！ 花嫁は泣いた 〝ねこ舌星人グロスト登場〟

1973年12月7日放送／脚本：阿井文瓶　監督：深沢清澄　特殊技術：高橋勝　ゲストキャスト：平泉征、久保田民栄、菊池英一

氷漬け！
グロストの冷凍光線でタロウは氷漬け。タロウはキングブレスレットで太陽光を集め氷を解凍、シューティングビームで撃退する。

猫舌宇宙人、マンションを占拠。寒さに弱いタロウが大苦戦！

「姉ちゃんのことは僕が絶対守ってやる！」（清彦少年）

あらすじ／　石焼き芋屋をやっている陽子・清彦の姉弟は今夜も商売をしていた。陽子は近々、結婚する予定。相手はマンション工事をしている岩坪。陽子と岩坪は完成したらそのマンションに入居予定だ。だが、そのマンション前で、清彦は宇宙人らしき影を目撃。その場は岩坪たちも変わったことはないと一笑に付すが、翌朝、岩坪たちの様子が一変。届けた焼き芋を極端に熱がり、陽子を叱責する有様。疑念を深めた清彦は証拠を見つけるため工事現場に潜入した。中は冷えていて真冬のように寒い。地下に行くと壁に青い不気味なマスクがあった。岩坪は無表情でそのマスクの前にひざまずいていた。清彦は気付かれ岩坪ら作業員に追われるが外に逃げる。ＺＡＴに通報するが計器が宇宙人の反応をしていないと一蹴される。清彦は「姉は僕が守る」と石焼き芋のリヤカーを引いてマンション前に乗り込む。出て来た岩坪らに焼けた小石をぶつけると、彼らはひるんだ。清彦は「猫舌の宇宙人め！」とさらに攻め込むが捕まってしまう。

そこへ光太郎らＺＡＴがやって来た。清彦が放ったＺＡＴガンの攻撃を受けてマスクは巨大化しマンションをぶち壊した。グロストだった。タロウは冷凍光線に苦しむがキングブレスレットの力でグロストを倒す。岩坪は元に戻り、清彦の姉と無事、結婚する。マンションは壊れたが、愛は壊れていなかったのだ。

VS

グロスト

身長：59m　**体重**：4万5000t
特徴・得意技：目から放つ光で人間を操る。両手から冷凍光線を発する。熱、暑さにとても弱い。青白い光となって移動する。

KAIJU DATA

▲タロウのシューティングビームで止めを刺した。

クローズアップ・キャスト

ゲスト俳優 平泉征（現：平泉成）

陽子の婚約者。マンション建設現場で働き、そのマンションの一室を新居にするため購入しようという、役どころ。平泉は説明もいらないほど、現在も第一線で活躍している。今は、すっかり枯れた演技で知られているが、本作当時はまだギラギラとした若々しい顔つき。倉田保昭主演の『闘え！ドラゴン』にも殺し屋役で出ていたが、若いときはアクション系も充分に似合っていた。

物語の背景

マンションブーム

1972年から放映時の73年は第3次マンションブーム。田中角栄の「日本列島改造論」や給与所得倍増、さらには公庫融資付き分譲マンションの供給拡大で大ブームとなった。この当時の代表的なのは稲城市、多摩市、八王子市、町田市にまたがる多摩ニュータウンで、多数の物件が売り出された。69年の第2次マンションブームのときに流行ったムード歌謡『夜の銀狐』の「小さなマンション〜ふたりで住みたい」という、プチブルな歌詞が当時感を出している。

ウルトラマンタロウ［ 第52話 ］

ウルトラの命を盗め！

〝帰って来たウルトラマン 泥棒怪獣ドロボン登場〟

1974年3月29日放送／脚本：石堂淑朗　監督：筧正典　特撮監督：大木淳　ゲストキャスト：団次郎（現：団時朗）

タロウ、出てこい！ タロウを探す泥棒怪獣の怖ろしき陰謀とは!?

奮戦！
ジャックを倒し二人力となったドロボンはタロウより優勢。が、タイマー点滅、パワーダウン。ＺＡＴに攻撃され爆死。

「いま、宇宙に戦争がある。その戦争にお前を引っ張り出して、味方にして助太刀させようとしているんだ」（郷秀樹）

「そんなことを僕がすると思ってるんでしょうか」（東光太郎）

あらすじ／　怪獣ドロボンが地球を目指していた。ジャックが発見し、スペシウム光線攻撃。だが効かない。逆にドロボンの光線でやられる。ドロボンは地球へ降り立ち「タロウ、出てこい」と叫びながら町中を徘徊する。ＺＡＴは空から攻撃するが逆に2機とも墜落させられる。全員、脱出したかに思えたが二谷副隊長の姿がない。二谷が死んだかと思い、光太郎たちは地上攻撃に転じる。攻撃を敢行するウルフ777だが、ドロボンに踏み潰される。光太郎は瞬間に変身、同乗していた北島を救い、ドロボンに挑もうとするが、なんとドロボンも持つカンテラも二谷が乗ったスワローが激突しており、人質のような状態に。自分がいるためにタロウが戦えないと知った二谷は自決しようとするが果たせず、膠着状態に。タロウはひとまず退散する。

光太郎は傷ついた郷秀樹と出会う。郷は「ドロボンは宇宙戦争にタロウを連れ出し戦わせようとしている」と説明する。郷はジャックになりタロウの身代わりとなって、副隊長の機を受け取る。ドロボンはカラータイマーをむしり取り、自分の胸に付けた。ジャックは倒れ、空気が抜けたようにしぼむ。ドロボンはそのまま逃げようとしたが、タロウにしがみつかれ激しく戦う。ドロボンのタイマーが点滅、エネルギーが減少、その隙にタロウは優勢になり倒した。取り戻したカラータイマーでジャックは復活。2人は揃って宇宙へ帰って行った。

クローズアップ・スタッフ

監督 筧正典

監督の筧正典は東宝出身で『帰ってきたウルトラマン』シリーズから参加し、以後『ウルトラマンレオ』まで約50本を手がける。東宝作品では小林桂樹主演の『サラリーマン出世太閤記シリーズ』、森繁久彌の『新・三等重役シリーズ』、団令子、中島そのみ、重山規子の『お姐ちゃんシリーズ』で知られる。

▲副隊長二谷一美役、三谷昇。

クローズアップ・キャスト

レギュラー 三谷昇

東野孝彦（英心）演ずる荒垣副隊長に代わり新任副隊長二谷一美役は三谷昇である。『帰ってきたウルトラマン』第22話で現実とも夢とも分からないピエロ役で出演、物語の導入部、そしてエンディングで不思議な雰囲気を醸し出していた。荒垣がタフガイだとすれば、二谷は痩せてヒョロリとした体形でいかにも頼りない。しかも、気弱な部分があり自分に自信がなく判断に迷うことがあるという、なかなかのダメ上司ぶり。しかし、わずかラスト3回だけの出演だったが、この特異なキャラで強烈な印象を残した。

▲ドロボンにカラータイマーをむしり取られぺしゃんこになってしまったジャック。

VS

ドロボン

身長：51m　**体重：**3万t

特徴・得意技：口から高熱火炎を吐く。宇宙こん棒を武器に強大なパワーを発揮。飛行能力。ジャックのカラータイマーを奪ってからは二人力に。

KAIJU DATA

ウルトラマンレオ ［ 第33話 ］

レオ兄弟対宇宙悪霊星人

〝怪奇隕石アクマニヤ 宇宙悪霊アクマニヤ星人 アストラ登場〟

1974年11月22日放送／脚本：若槻文三　監督：中川信夫　特撮監督：矢島信男　ゲストキャスト：上月左知子、吉水慶

ダブル攻撃

レオがアクマニヤの目玉を潰すと怪奇現象が消えた。が、首を絞められる。助っ人アストラとウルトラダブルフラッシャーで勝つ。

怪奇現象！ 悪魔の青い手。悪霊に支配された団地が悲鳴を上げる！

「突然、平和な団地を襲った宇宙の悪霊アクマニヤの絶叫…ゲンにより引きずり出された悪魔の手は不気味な青い煙となって団地のドアから、窓から、あらゆる隙間からある一点に向かって流れ出した」（ナレーション・瑳川哲朗）

あらすじ／　今日はトオルのいとこ・タカシの母親の誕生日。母親は隣人の山井と娘ヨシ子の3人でパーティの買い物に出かけた。団地の上空に目玉の形をした怪奇隕石が現れる。帰宅した山井親子の部屋で怪奇現象発生。不気味な青い手がヨシ子の足を掴む。

タカシの母にも異変が起きていた。母親に青い手が襲い掛かる。タカシが帰ると母親が倒れていた。水を欲しがる母のために水道の蛇口を捻ると赤い血のような水が出た。うち続く怪奇現象！　団地を訪ねたトオルもそれに巻き込まれてしまう。困惑するトオルとタカシ。

ゲンが団地のタカシの部屋、山井の部屋に入ると、全員が気を失っていた。ゲンは悪霊の呪縛を何とか振り解き、タカシを始め、団地の住人を避難させる。目玉の隕石は団地を破壊し始めた。ゲンはレオに変身。隕石は宇宙悪霊アクマニヤ星人になった。すべては星人の起こした悪霊現象だったのだ。

目から怪光線を出す星人。ウルトラマントで攻撃するが星人はマントを簡単にかわす。星人の折れた角を目に投げつけるレオ、さらに星人の手をもぎ取った。だが、星人は逆にそのもぎ取られた手を操りレオの首を絞めた。レオは気を失う。絶体絶命のピンチ。そのとき、赤い光が飛来した。レオの弟アストラだった。兄弟は力を合わせて星人に向かった…。

クローズアップ・スタッフ

監督 中川信夫

戦前から時代劇やエノケン作品を撮っていたが、戦後、新東宝で多くの怪談、怪奇ものを監督した。『怪談かさねが渕』（脚本：川内康範）『亡霊怪猫屋敷』『憲兵と幽霊』『女吸血鬼』、特に1959年の『東海道四谷怪談』は〝四谷怪談もの〟の傑作と言われる。死後の地獄の世界をこれでもかと描いた『地獄』も代表作だ。

テレビでは意外なところで九重佑三子主演『コメットさん』。テレ東は『プレイガール』、『江戸川乱歩シリーズ 明智小五郎』、日テレの『怪奇十三夜』など。ウルトラシリーズは『レオ』だけのようで本作と第32話「さようならかぐや姫」の2本。遺作は1982年の映画『怪異談 生きてゐる小平次』だった。中川の怪談作品は今観ても震え上がるほど怖い。本作はそんな中川の怪奇演出が活かされた1本だ。

VS

アクマニヤ星人

身長：50ｍ　**体重：**1万5000t

特徴・得意技：宇宙を漂う隕石アクマニヤに宇宙悪霊が取り憑いてできた存在。レット閃光を放つ。怪奇現象を起こす。テレパシーが使える。

KAIJU DATA

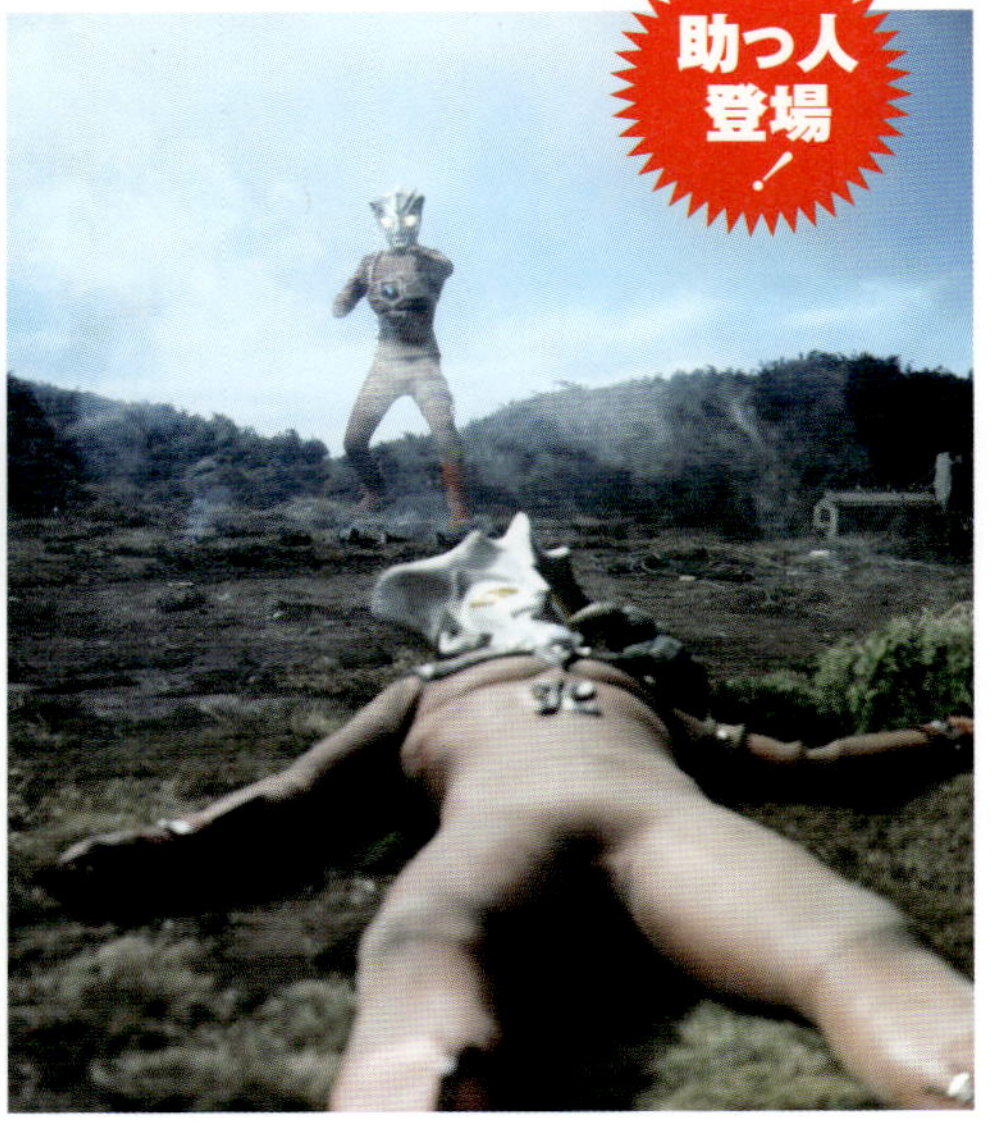

助っ人登場！

ウルトラマンレオ ［ 第40話 ］

恐怖の円盤生物シリーズ！ MAC全滅！ 円盤は生物だった！

〝円盤生物シルバーブルーメ ブラックドーム　ブラック指令登場〟

1975年1月10日放送／脚本：田口成光　監督：深沢清澄　特撮監督：大木淳　ゲストキャスト：石丸博也

全滅！
嵐の中、レオはシルバーブルーメの溶解液と触手に手こずりながらも応戦。スパーク光線で爆破、退治する。

モロボシ隊長、衝撃の最期！ 百子も、みんな死んだ…。

「お前はレオだ。不滅の命を持ったウルトラマンレオだ。お前の命はお前ひとりのものでないことを忘れるな！　行けっ！」
（モロボシ・ダン）

あらすじ／　地球を離れること1000万キロの彼方ブラックスターから一機の円盤が発進した。その頃MACステーションでは、松木隊員の誕生パーティ。その時、緊急警報が鳴り響く。

ステーションに飛行体が激突する。割れた窓から巨大な触手が侵入。逃げ惑う隊員たち。「MACの最期は俺が見届ける」とダン。レオに変身して脱出するゲン。MACは壊滅する。

ビル街に現れるクラゲ状の円盤シルバーブルーメはデパートを襲う。デパートには買い物に来ていた百子、カオル、野村猛がいた。円盤を追って来たゲンは、トオルと合流、死亡者掲示板で3人の名を見つける。

看護師・美山咲子の家に居候することになったゲンとトオル。美山家は長女のいずみ、二女あゆみの3人家族、そこに加わることになった。登校中の小学生たちは道路脇で小型円盤らしき物体を拾い学校へ持って行く。その物体は担任教師が預かることになった。夜、宿直の教師は理科室で物体をあぶってみると、円盤生物シルバーブルーメに変身。教師は円盤に食われる。

ゲンが駆けつけるとシルバーブルーメは巨大化し学校を壊し始める。学校内に子供たちがいた。シルバーブルーメの触手が校舎内に侵入。

炎上する校舎。ゲンはレオに変身する…。

クローズアップ・キャスト

レギュラー 春川ますみ

看護師・美山咲子役を演じるのは既にベテラン女優だった春川ますみ。春川はふくよかな体型とポワンとした雰囲気から、人のいいおばさん役が多いが、1964年の今村昌平監督『赤い殺意』では平凡な主婦が平和を乱され、それを守るために殺人を計画する。その主婦が徐々に崩壊していく様をリアルに演じ評価された。

レギュラー 杉田かおる

美山家の二女・あゆみ役。1972年から1年間放送された『パパと呼ばないで』に小学2年生のときに出演、主演の石立鉄男と息の合った演技を見せた。姉の子・千春を引き取った独身男性・右京との泣き笑い人生を描いた。石立が千春を「チー坊！」と呼ぶセリフがモノマネなどにより評判となった。天才子役ぶりを発揮した杉田はこの後も石立主演の『雑居時代』でも共演した。レコードも出していて81年のドラマ『池中玄太80キロ』の挿入歌『鳥の詩』がヒットした。2000年代になるとバラエティでの毒舌キャラ、また私生活では結婚、泥沼のスピード離婚などお騒がせタレントとして有名になった。現在は、ややおとなしく（？）なり女優業を続けている。

VS

シルバーブルーメ

身長：40cm ～ 29m
体重：1.2kg ～ 1万t
特徴・得意技：円盤生物の第1号。地球のクラゲ＋タコのような形状でどこでも飛行可能。多数の触手で攻撃。口から溶解液を出す。

KAIJU DATA

クローズアップ・キャスト はみだし編

個性的な演技で円谷ドラマの世界を支えた数々の役者たち。ここでは誌面の都合で、該当話のページに入りきらなかった方たちを紹介していこう。

ウルトラマンA《エース》

ゲスト俳優 山形勲

ウルトラマンA［ 第14話 ］
→本誌P34

TAC南太平洋国際本部司令官の高倉として突如、登場する。とにかく威圧的に命令し、他人の意見を聞こうとしない、まさに血も涙もない役どころだ。昭和30年代の東映時代劇黄金期に主に悪役として名を馳せた。それも悪代官、悪家老、組織の首領と常に悪のボスを演じた。現代劇もこなし、やはり悪役が多いが社長、重役、政治家といった身分の高い役ばかりをやっていた。テレビに転じても悪役が多かったが1969年のテレビドラマ『無用ノ介』第1話で珍しく悪役ではない賞金稼ぎ・地獄自斎を演じ、記憶に残っている。

ウルトラマンA《エース》

ゲスト俳優 大木正司

ウルトラマンA［ 第23話 ］
→本誌P35

マザロン人が化けた辻説法老人を怪演したのは名バイプレーヤーの大木正司だ。1966年の日テレ『遊撃戦』の上野兵長役がカッコよかった。眼光鋭く、強面であり悪役が多いが戦争映画、時代劇、現代アクションと彼はどのジャンルでもまんべんなく出演していた。特撮系では時代劇SF『魔人ハンターミツルギ』の服部半蔵役など。

ウルトラマンT《タロウ》

ゲスト俳優 菊池英一（現：きくち英一）
遠矢孝信

ウルトラマンタロウ［ 第36話 ］
→本誌P73

マンションの作業員役で平泉成と共に出ていたのが菊池、遠矢である。菊池はスーツアクターとしても知られ、『ウルトラセブン』でセブンを2話分、『帰ってきたウルトラマン』でジャックを全作で演じている。遠矢は俳優としてもやっていたが、菊池の招きで『帰ってきたウルトラマン』で毎回、怪獣役をやった。スーツアクターのデビューはピープロ『宇宙猿人ゴリ（スペクトルマン）』で、ゴリ博士だという。

帰ってきたウルトラマン

レギュラー 塚本信夫

帰ってきたウルトラマン
→本誌P15 →本誌P16 →本誌P29

人情味があり、安定感のある初代MAT隊長・加藤勝一郎を演じている（23話から隊長役は根上淳に交代）。俳優座養成所の第4期生。仲代達矢、佐藤慶、宇津井健らと同期。ウルトラマンのムラマツ隊長役小林昭二の後輩にあたる。『帰ってきたウルトラマン』放送スタート前まで『ケンちゃんトコちゃん』でお父さん役を演じていた。60年代～90年代半ばまでテレビドラマの名脇役として多数出演。96年10月脳内出血のため死去。63歳だった。

ウルトラセブン　帰ってきたウルトラマン

ゲスト俳優 藤田進

ウルトラセブン［ 第25話 ］
→本誌P12
帰ってきたウルトラマン［ 第5-6話 ］
→本誌P15

セブン25話のヤマオカ長官を余裕で演じている藤田は、黒澤明監督のデビュー作『姿三四郎』で主人公の三四郎を演じた。多くの戦争映画で主に将校役、東宝特撮映画でも自衛隊幹部など身分の高い人ばかりをやった。偉い人は藤田か、もしくは田崎潤で決まりであった。

ウルトラマンA《エース》

ゲスト女優 関かおり

ウルトラマンA［ 第7-8話 ］
→本誌P20

当初予定されていた南夕子隊員役だったという。第2話まで撮り終えていたと言われる。舞台稽古中に骨折、降板を余儀なくされたとか。写真が残っているが、隊員制服がとても似合っている。ちなみに、その制服は第1、2話のみに見られる後のバージョンとは色味の異なる隊員服。まぼろしのヒロインというわけである。その後は『アイアンキング』にゲスト出演、1980年代半ばまでは女優業を続けていたようだ。

ウルトラマン

ゲスト女優 弓恵子

ウルトラマン［ 第7話 ］
→本誌P56

まるでクレオパトラのような妖艶な女・チャータムに扮したのは弓恵子。大映のバイプレイヤーである潮万太郎が父、弟の柴田侊彦も俳優。多くの映画・テレビに出演、悪女的な役柄を得意とする。本作と同時期の『これが青春だ』の教師役で知られている。

ウルトラマン

スーツアクター 青野武

ウルトラマン［ 第18話 ］
→本誌P5

ザラブ星人のスーツアクター、そして声も担当した。青野は数多くの吹き替えをした声優として知られ高橋留美子アニメの常連、最近では『ONE PEACE』でも活躍していた。声優デビューは古く、1961年放送のテレビ西部劇『ブロンコ』の主演俳優タイ・ハーディンを当て、評判が良く声優の仕事が増えたという。2012年没、75歳だった。

ウルトラセブン

準レギュラー 佐原健二

ウルトラセブン
→本誌P14 →本誌P59 →本誌P61

『ウルトラQ』ではセスナ機のパイロットで主人公・万城目淳を演じた。『ウルトラセブン』ではタケナカ参謀役で計14話に準レギュラー出演。次シリーズ『帰ってきたウルトラマン』でも同じく参謀役でゲスト出演している。東宝特撮映画では『空の大怪獣ラドン』『地球防衛軍』『美女と液体人間』など多くに出演し、2008年の『大決戦！ 超ウルトラ8兄弟』では楽屋落ち的な万城目役を演じている。

ウルトラセブン

カメオ出演 金城哲夫

ウルトラセブン［ 第25話 ］
→本誌P12

救護室でアンヌの腕の中で凍死する隊員役で出演したのは脚本の金城哲夫である。

HD Remaster 2.0
ウルトラマンA《エース》
今もなお、天空に「ウルトラの星」を
見る同志たちへ
ウルトラマンA《エース》
Blu-ray BOX
2016 9.27 ON SALE
Standard Edition ¥29,800（税別）
初回限定 Amazon.co.jp限定版 ¥49,800（税別）
特典ディスク&ウルトラリング付きの豪華仕様!
発売元：円谷プロダクション　販売元：バンダイジュアル
※商品はイメージです。変更がある場合もございますこと事前にご了承くださいませ。
© 円谷プロ
TSUBURAYA
BANDAI VISUAL
ウルトラリング付き!
Standard Edtion
初回限定 Amazon.co.jp限定版
Blu-ray Disc
ウルトラマンBlu-ray
シリーズの情報が満載!
http://m-78.jp/ultraman-bd
ウルトラマン Blu-ray シリーズ
検索

石橋春海／プロフィール

青森県八戸市出身。昭和50年、神田美学校・映画技作工房入学。講師の鈴木清順、大和屋竺に多大なる影響を受ける。アニメ『ルパン三世』の「白夜に向かって撃て！」は大和屋との共同脚本。その後、写真誌の取材記者やマンガ原作『マリア～ブーメランのように』などを手掛ける。TOKYO MXでは映像記者としてニュース特番、音楽番組を制作。ライターとしては『音楽誌が書かないJポップ批評』(宝島社)、『荷風！』(日本文芸社)、『実話裏歴史SPECIAL』(ミリオン出版)などの雑誌、新聞では『外国映画のニッポン』(時事通信社)、『黒澤映画に"魂"を入れた男～脚本家・小國英雄の軌跡』(デーリー東北新聞社)、『続・おらホが主役だ！～南部愛こそすべて』(同)。「おふくろさん騒動」に深く関わったことから、川内康範研究家を名乗る。著書に『封印歌謡大全』(三才ブックス)、『蘇る封印歌謡』(同)、『'60年代蘇る昭和特撮ヒーロー』(コスミック出版)、『伝説の昭和特撮ヒーロー～宣弘社全仕事』(同)、『【昭和】幻の４曲入りレコード大全』(有峰書店新社)など。

執筆	石橋春海
編集	ガオーワークス　権田一馬
本文デザイン	ガオーワークス
インタビュー撮影	早坂明
監修	円谷プロダクション

ウルトラマン危機一髪からの大逆転SPECIAL

平成28年8月10日　第1刷

著	石橋春海
発行人	山田有司
発行所	株式会社　彩図社 東京都豊島区南大塚3-24-4 MTビル　〒170-0005 TEL：03-5985-8213　FAX：03-5985-8224
印刷所	シナノ印刷株式会社
URL	http://www.saiz.co.jp
Twitter	https://twitter.com/saiz_sha

© 円谷プロダクション
©2016.saizusha printed in Japan.　ISBN978-4-8013-0169-6　C0076
乱丁・落丁本は小社宛にお送りください。送料小社負担にて、お取り替えいたします。
定価は表紙に表示してあります。
本書の無断複写は著作権法上での例外を除き、禁じられています。